日本の神話

——その諸様相——

岸根敏幸著

晃洋書房

目次

はじめに

神話は人間が生み出した意味の体系である。それは、大部分において生物的本能の制約を受けながらも、自らを取り巻く世界の成立根拠や自らの存在意義を意味づけようとする、人間のささやかな欲求であるともいえるであろう。

しかし、神話の形成はけっして個人のレヴェルにとどまるものではない。いつとも知れない太古の昔に、ある人、あるいは、ある人々が神話の原形となるようなものを生み出し、それが伝承されてゆく際に、さらに多くの人々が介在して、やがて一つの神話という形に結実する――そういった神話形成の過程が予想されるであろう。

このような神話形成の過程は、人間が集団社会を形成している場所では、どこでも起こりうる現象であろう。事実、神話をもたない民族はこの世界に存在しないといってもよいぐらいに、神話は集団社会を形成する人間の普遍的な営みなのであった。それは、所与の状況を意味づけしようとする前述の欲求もさることながら、その神話で開かれる意味的世界を共有することによって、集団社会に共同体としての自己同一性を見いだそうとする人間の知恵であったのかもしれない。

その意味で、神話は宗教と同じように、人間という存在に深く根ざす重要な文化的要素でありながら、同時に、それぞれの民族的なアイデンティティを確立する基盤ともなりうるものであったといってよいであろう。

日本の文化的な特色を考えるうえでも、神話は重要なファクターといえる。『古事記』、『日本書紀』、『風土記』など、神話記述を含んでいる様々な文献が現存しているが、その記述を通じて、わたしたちは、古代の日本人が世界、人間、そして、生と死などの問題について、なにを感じ、なにを考えていたのかを知ることが可能になるであろう。しかも、それはけっして過去のできごととして済まされるものではない。そのような感覚や思考を現代の日本人が継承しているのか、もし継承していないとすれば、どのような形で忘却し、なにがそれに取って替わったのかというさらなる問いが生み出されるからである。いずれにせよ、日本の神話は、日本、あるいは、日本人というものを考えるうえで原点となりうるような要素を含んでいるのであって、それを抜きにして、日本の文化について語ることは不可能であるように思われるのである。

本書は、このような視点に立って、特に「日本神話の世界像」、「日本神話における神観念」、「スサノヲのウケヒをめぐる諸伝承」、「ホノニニギとホヲリの神話」、「『風土記』の神話」という五つのテーマを取り上げて、日本の神話における具体的な諸様相について考察することにしたい。

第一章　日本神話の世界像

本章では、日本の神話が世界をどのようにイメージしてきたのかについて、特に『古事記』と『日本書紀』を中心にしながら、考察したい。

一　基本的な特色

世界の神話における世界像

人間がこれまで思索の対象にしてきたものは数かぎりなくあるが、そのなかでも、世界というものに対する思索は大きな比重を占めているにちがいない。眼前に広がっているこの世界とはなにか、なぜこのような形で存在しているのか。さらに、この世界を超えたところにはなにがあるのか。それらの問いかけは、古今東西を問わず、人間にとって普遍的な営みでありつづけたといってもよいであろう。人間が自らを世界という閉じた領域に存在していると考えるかぎり、この世界をなんらかの形でとらえようとすること、すなわち、世界像を確立することは、欠くことのできない欲求といえるのである。

この世界像は神話においても重要な構成要素でありつづけた。ほとんどの神話は、その冒頭において、世界の成り立ちについて記述する部分――これを「世界起源神話」と呼ぶ場合がある――をともなっているからである。そこには、それぞれの民族によって伝承されてきた世界像が表し出されている場合が多いのである。以下では、神話に登場する世界像のなかでも、特に興味深いものを四つ選んで、紹介してみよう。

第一は、漢の時代に編纂された『淮南子《えなんじ》』などに出てくる天柱神話である。これは、天空の四隅《よすみ》を巨大な柱が支えていると考える世界像である。このタイプの神話では通常、その柱の一本が折れてしまうことで、天空や大地が傾くことになり、その結果、天にある星が運動することになったり、季節の違いが生じることになったり、川が一方向に流れることになったりすると説き、様々な自然現象の起源を天柱の不具合に求めている点に特色がある。

第二は、インドの神話に見られる「プルシャ」と呼ばれる巨人の存在である。神々がこの巨人を犠牲にして祭祀を実行すると、巨人の身体の各部分から天体などの様々な自然物が誕生し、それによって宇宙が成立したといわれている(1)。

第三は、「世界亀」と呼ばれる巨大な亀の存在で、この亀は大地を下から支えているという。このような発想は世界の神話に幅広く見出されており、甲羅を背負った姿がそのまま大地を背負った姿としてイメージされたのであろう。

そして、第四はユグドラシル（「イグドラシル」ともいう）である。これは北欧神話に出てくる、世界そのものを表しているとされる巨大な樹木のことで、「世界樹」、「宇宙樹」と呼ばれている。この樹木に囲まれる形で、三つ層があり、それらの層には神々の国アースガルズ、人類の国ミズガルズなど、合計して九つの世界があるとされている。世界の神話に見られる様々な世界像のなかでも特に雄大なスケールをもつ世界像として知られている。

紹介したこれらの世界像は、数あるなかの若干の例にすぎない。世界に神話が多数あるように、世界像も実に多様な形で説かれているのである。

日本神話の多重的世界像

ほかの神話と同様に、『古事記』や『日本書紀』に代表される日本神話のなかにも、様々な世界像が登場している。そのなかでも特に中心になっているのが高天原《たかあまはら》（「高天の原」「高天が原」ともいうが、以下では、「高天原」で統一しておきたい）と葦原《あしはら》の中つ国という二つの世界である。このうちで、葦原の中つ国がわたしたちの住んでいる地上の世界のことを指しており、高天原は、そこから上空に向かったところに広がる天上の世界であると考えられている。したがって、この二つの世界は空間上の上層と下層という形で垂直方向に並んでいると考えてよいであろう。

そしてさらに、日本神話における世界像は、このような垂直方向だけではなく、水平方向にも広がっていた可能性がある。すなわち、海のかなたには常世《とこよ》の国という理想的な世界があるとされており、また、海を通路にして向かった先には海の神として信仰されてきたワタツミ(2)が支配する世界があるとも考えられている。大陸から離れた島国に住んでいる日本人は、太古の昔から、海のかなたに自分たちにはない特別ななにかを期待し、あこがれの対象としてきたであろう。そのようなあこがれがやがて海のかなたに理想の世界があるという思いをいだかせてきたように思われる(3)。海のかなたに広がる世界は、地上の世界から見れば、垂直方向ではなく、水平方向に広がっている世界としてイメージされる場合が多いといえる。

そのほかにも、根の堅州国《かたすくに》(『日本書紀』では「根の国」や「底つ根の国」という)と黄泉《よも》つ国という世界があるとされる。前者の根の堅州国については、その空間的な所在が必ずしもはっきりしていない。「底つ根」ということば通り、地の底にあるとも、海のかなたにあるとも解釈されており、したがって、垂直方向にも水平方向にもとらえられる可能性がある。いずれにしても、大和を根拠地とする朝廷から見て、遠く離れたところに広がる世界としてイメージされているのである。それに対して、後者の黄泉つ国は死に関連している世界である。『古事記』では、この黄泉つ国を根の堅州国と同じ世界のようにとらえている形跡があるが、『日本書紀』本文(4)では、黄泉つ国に対する言及がまったくないので、根の国との関係は不明である。ただし、『日本書紀』本文の記述を見るかぎり、根の国に死を連想させるようなイメージはないように思われる。

この黄泉つ国は地上の世界から黄泉《よも》つ比良坂《ひらさか》という坂をくだったところにある——すなわち、黄泉つ国は地上の世界から見て下方にある——と考えられる場合が多いが、それとは逆に、黄泉つ比良坂を登ったところにある――すなわち、黄泉つ国は地上の世界よりも上方にある――という指摘もなされており(5)、黄泉つ国についても空間的な所在ははっきりしていないのである。

このように、『古事記』と『日本書紀』に代表される日本神話(6)における世界像について、基本的な特色を素描してみたが、日本神話は、わたしたちを取り巻くこの日常の世界だけでなく、様々な世界が同時に存在しているということを説いている。それらの世界は、地上の世界を中心にして、垂直方向にも、水平方向にも広がっているのである。そして、これらの世界が重なり合うことで、全体としての世界像が形成されているのである。そのような意味で、日本神話における世界像は多重的世界像であったと指摘することができるであろう。もっとも、これは日本神話だけに見られる特色というわけではなく、太古の昔から幅広く見いだされる世界像であった。古代人は天空のかなたに、海のかなたに、地の果てに、あるいは、山や森のなかに、この日常の世界とは違った別の世界が広がっているという感覚をもっていた。日本神話もほかの神話と同様に、このような古代人の世界像を伝えているのである。

以上のような基本的な特色を踏まえて、以下の各節では、日本神話に登場する様々な世界像について、具体的に考察することにしたい。

二　高天原

天と高天原

前述したように、高天原は地上の世界から見て上空にある天上の世界と考えられる。この「高天原」という術語は『古事記』と『日本書紀』の本文と別伝に登場しているので、日本神話の伝承で共有されてきた術語であるといえるであろう。ただし、この術語はそれほど頻繁に使用されているわけではない。『古事記』の神話部分（すなわち、上つ巻の部分）では十回使用され、『日本書紀』の神話部分（すなわち、神代の部分）で六回使用されている。さらに、『日本書紀』といっても、本文に限定するならば、わずか一回の使用にとどまっており、しかも、その記述にテキスト上の問題があって、実際は「高天原」ではなく、「高天」であった可能性がある。

『古事記』と『日本書紀』の本文と別伝には、世界の起源に関する記述が見いだされ、いずれも、天《あめ》と地《つち》が分離することで、世界が成立したという説明をしているが、『古事記』はこの天を高天原と言い換えているのに対して、『日本書紀』本文は「天」という術語だけで統一し、『日本書紀』の別伝（第一段の第四書(7)）では、『古事記』と同様の記述をしている。このように、天との関係で「高天原」という術語が使用されたり、使用されなかったりするのは、結局のところ、天と高天原がほとんど同様の意味内容をもっていて、あえて「高天原」という術語を使用する必要がなかったからであると思われる。

しかし、天を高天原と言い換えている『古事記』と『日本書紀』の別伝では、言い換えたあとにアマノミナカヌシ(8)という神が登場する。(9)この神は、この部分にしか登場せず、そのあとの活動内容がまったく記されていないため、あとから付け加えられた神であると指摘される場合が多いが、『古事記』には、この神と同様に、現れたというだけで、名前しか記されていない神々が多く登場している。たとえば、ウマシアシカビヒコヂ、アマノトコタチ、クニノトコタチ(10)など、多くの例をあげることができる。これらの神々も単に神名のみが示され、その活動についてはまったく記されていないが、だからといって、神話の進行に積極的に関与していないとはいえないであろう。

この点に関して、筆者は、このような神名の列挙は特に『古事記』の常套的な表現方法ではないかと考えている。すなわち、ある神が現れたという記述が、そのまま、その神の名が意味している事態の描写を意図していると解釈することができるように思われるのである。(11)

そのような解釈が可能であるならば、「天の神聖な中心を司るもの」という意味をもつアマノミナカヌシの名が表し出されたということは、ここにはじめて、天が神聖な中心をもつ、秩序ある世界になったという事態が描写されていると理解することができる。さらに、それは単に結果を示すだけではなく、そのような神が登場するということに、天について、単に上空に漠然と広がるカオス的なあり方から、神聖な中心をもち、秩序ある世界であるコスモス的なあり方への推移を見てとることもできるであろう。そして、そのような推移こそが天とは異なる「高天原」という新たな概念を生み出しているのではないかと推測されるのである。

もっとも、『古事記』と『日本書紀』の諸伝承において、天と高天原が混然と使用されているという印象は否めないであろう。しかし、葦原の中つ国という地上の世界と対比したり、支配する世界という形で、一つのまとまった世界を指示したりする場合には、「高天原」という表現がとられることが多いように思われる。

高天原に関する記述

それでは、単に天であるとも語られているこの高天原とはいったいどのような世界なのであろうか。『古事記』と『日本書紀』に見いだされる断片的な記述から、それを概観してみたいと思う。

そもそも高天原は天上の世界といっても、宙に浮いた霞や雲で成り立っているものではない。その世界には土台となるような確固たる大地があると考えられ、そのうえに様々なものが存在しているのである。

そして、それを見渡せば、最初に自然物が目にとまるであろう。高天原には、山や川など地上の世界にある自然物が同じような形で存在しているのである。

まず山について見ると、「天《あま》の金山《かなやま》」や「天の香山《かぐやま》」という具体名で示されている山々がある。天の金山はその名の通り、鉄が産出される山であり、天の香山は奈良の香具山を模した山で、多くの木々が生い茂り、鹿のような動物が存在していることが分かる。アマテラスの天の石屋《いはや》籠《こ》もりの事件の際に作られた鏡はこの天の金山からとれた鉄で作ったものであり、同じときにおこなわれた太占《ふとまに》という呪術では、天の香山にいる鹿の骨が用いられた。

川についていえば、天の安《やす》の河という川がしばしば登場する。ここは、アマテラスとスサノヲがウケヒという呪術（ウケヒについては、第三章を参照のこと）をおこなった場所でもあり、高天原にいるすべての神が集会をする場所でもある。おそらく川の近くに広い平地があるのであろう。『古事記』の記述によると、アマテラスが隠れてしまったときの対応策や地上の世界に派遣する使者の選定もここで検討された。また、アマノワカヒコが射た矢が天の安の河の近くにいたアマテラスとタカギ(12)の両神のそばに届いたという記述があるところから、アマテラスとタカギは通常、この天の安の河の近くに居住していると位置づけられているのであろう。

そのほかにも、アマテラスが籠もった天の石屋やイツノヲハバリが住む天の石屋という岩窟《がんくつ》、ウケヒの際に用いられた天の真名井《まなゐ》という泉、天の安の河付近と同様、神々が集う場所であった天の高市《たけち》(13)などについての記述が登場する。また、スサノヲがアマテラスを驚かすために投げ入れた天の斑《ふち》馬《うま》も高天原に存在する馬なのであろう。なお、各伝承には海に関する記述はない。無限に広がる海のイメージが高天原にはうまくなじまなかったのかもしれない。

しかしながら、高天原には自然物ばかりではなく、文化的、人為的――厳密には人ではなく、神なので、神為的というべきか――な物も多く存在している。特に注目されるものをいくつかあげて、簡単に解説しよう。

最初は天の浮き橋である。この橋は、イザナキとイザナミが地上の世界に降りるために使用し、のちには、地上の世界に降りるように命じられたアマノオシホミミが天くだりを断念して、引っ返した場所でもある。

つぎに田の存在があげられる。『古事記』には、スサノヲが、アマテラスの営んでいた田の畔《あぜ》を壊したり、新穀を神に捧げる祭事をおこなう神殿を汚したという記述があり、『日本書紀』本文には、スサノヲが、春に種を二度播《ま》きしたり、秋に馬を田に放したという記述がある。これらから、高天原でも農耕がおこなわれていることが確認されるのである。

そのほかにも、神に献上する衣を作る機《はた》織り小屋があったり、鏡や玉を作る職人のような神たちも存在したりしていて、手工業的な営みがあることもうかがわれる。さらに、移動のための道路もあり、道が様々な方向へ分岐する天の八衢《やちまた》のような交差点も存在している。

以上のような記述からも明らかなように、高天原という世界は、天上の世界であるという一点を除けば、地上の世界とほとんど同じものとしてイメージされていることが分かるのである。

高天原と地上の世界

高天原は地上の世界よりも上空に存在していることになるが、二つの世界はけっして隔絶した関係にあるわけではない。アマテラスの孫であるホノニニギが地上の世界に統治者として降りて行くという出来事によって、やがて高天原と地上の世界は完全な連続性を獲得することになるが、それ以前においても、『古事記』と『日本書紀』の記述を見ると、二つの世界は密接に関係しており、その行き来も容易におこなわれていたことが分かるのである。そこで以下では、高天原と地上の世界の接点という側面に注目してみたいと思う。

第一は、太陽の光に関するものである。『古事記』や『日本書紀』本文の記述によると、スサノヲの悪行に堪えかねて、太陽神アマテラスが天の石屋に籠もってしまったとき、高天原は太陽の光が失われて暗くなり、地上の世界も暗くなってしまったが、アマテラスが天の石屋から連れ戻されたときには、高天原も地上の世界も明るさを取り戻したとある。アマテラスが天の石屋に籠もったことは高天原の出来事にほかならないが、それらの記述では、地上の世界にもわざわざ言及し、その一体性を強調しているのである。つまり、二つの世界は太陽の光、ひいては、世界の明暗を共有しているといえるのである。

第二は、高天原と地上の世界をつなぐ通路に関するものである。その通路の役割を果たすのが柱という存在である。日本の神話の場合もそうであるが、そもそも世界各地の神話では世界の成立を、渾然一体であったなにかが、天と地に分離したという形で表象する場合が多い。そして、分離していった天と地が元に戻らないように、そのあいだに柱が立てられるのである。この柱は天と地を分離させるための役割を果たしているが、同時に、柱は天とも接し、地とも接しているため、天と地をつなぐ通路としての役割も果たすのである。

『古事記』と『日本書紀』では、イザナキとイザナミが地上の世界に降りたあと、天の御柱《みはしら》（『日本書紀』では国中《くになか》の柱《みはしら》や天の柱《みはしら》という）の周囲をめぐるという記述があるが、これは結婚の儀礼と関係するものらしく、天と地をつなぐという意味はないと思われる。しかし、『日本書紀』本文には、前述の国中の柱と同一のものかどうかはっきりしないが、天の柱というものが登場しており、その柱を通じて、地上の世界で生まれたアマテラスを高天原に送るという記述がある。興味深いのは、その際に、「天と地がそれほど離れていないので、天の柱で天上の世界に送った」と述べている点で、これはまさしく、天地の分離と柱の関係を伝えるものといえるのである。

第三は、高天原と地上の世界を行き交う事例である。これは予想以上に多く存在している。主な例を『古事記』や『日本書紀』の記述の順序にしたがってあげてみると、前述のイザナキとイザナミが、一度降りてきて、国生みに失敗して、高天原に戻り、再び地上の世界に降りているし、スサノヲが姉のアマテラスに暇乞《いとまご》いをするため高天原に昇っている。スサノヲはヤマタノヲロチを退治したあと、その体から出てきた草薙《くさなぎ》の剣をアマテラスに献上しているので、もう一回昇っている可能性がある。さらに、オホナムヂが兄たちに殺されたとき、その母親が天に昇って、生き返らせてほしいと懇願している。また、『古事記』には、アマノワカヒコを失って泣く妻の声が天にまでとどき、それを聞きつけたアマノワカヒコの父たちが天から降りてくるという記述もある。他方、『日本書紀』別伝（第九段の第二書）の記述によると、葦原の中つ国を平定したフツヌシは、帰順を示させるため、地上の世界にいる神々を率いて天に昇ったという(14)。このように、高天原と地上の世界を行き交うことに関しては、多くの事例が存在しているのである。

ホノニニギの降臨などの記述をみると、高天原と地上の世界が隔絶していて、絶えず緊張関係に満ちていたかのように思われるが、実際には、様々な神が高天原と地上の世界との間を比較的自由に行き来していたことが知られるのである。

三　葦原の中つ国

「葦原の中つ国」の意味

これまで地上の世界という形で言及していたものが、これから取り上げる「葦原の中つ国」と呼ばれる世界のことにほかならない。この術語の意味を解釈するならば、葦が生い茂った原の広がる、中の国ととらえることができるであろう。この「葦原の中つ国」という術語は、『古事記』と『日本書紀』の両方において頻繁に見いだされるものである。なお、『日本書紀』の本文と別伝では、これに「豊」という語を冠して、「豊葦原《とよあしはら》の中つ国」と表現している場合もある。

しかし、それだけではまだ葦原の中つ国という世界の具体的なイメージをつかむことはできないであろう。それを明らかにするためには、この表現に含まれている「葦」と「中」という二つの概念の意味をはっきりさせる必要があると思われる。

そこでまず「葦」についてであるが、そもそも『古事記』と『日本書紀』の神話には「葦」という語が多く登場している。たとえば、世界ができて間もない頃に、葦の芽のように萌えあがるものからウマシアシカビヒコヂという神が誕生したという記述がある。この場合の葦は、春になって勢いよくその芽を出してくる様子から、旺盛な生命力をイメージしていると考えられるであろう。また、イザナキとイザナミが国生みをしようとして、うまくゆかず、骨格がしっかりしていないヒルコが生まれたとき、葦でできた船で海に流したという記述がある。この場合の船が、『日本書紀』本文では、虫よけの樟脳《しょうのう》がとれることで知られる楠の木でできていたとも伝えられるように、葦も同様に邪気をはらうものとしてイメージされているのである。

それでは、「葦原」という場合の「葦」がなにをイメージしているのかというと、葦はイネ科に属する植物であり、葦が生い茂る土地とは、稲が生い茂るに適した土地であることを示している。つまり、葦が生い茂る光景がそのまま稲穂の実る豊かな大地というイメージと重なるのである。もちろん、葦ではなく、稲に直接結びつけて表現することも可能であったであろう。実際、そのような表現も存在している。『古事記』や『日本書紀』の別伝には、葦に稲穂を結びつけた「豊葦原の千秋長五百秋《ちあきのながいほあき》の水穂の国」（『日本書紀』では「豊葦原の千五百秋《ちいほあき》の瑞穂《みずほ》の国など」）という表現が登場しているのである。しかし、この表現はほんの数回出てくるにすぎず、「葦原の中つ国」という表現の方が圧倒的に多い。それは、葦が稲と同一視されるだけでなく、前述のように、旺盛な生命力と邪気をはらう力をそなえているという複合的な性格によるのであろう。古代の日本人は、葦の生い茂る光景を通じて、国土というものをとらえようとしたのである。

つぎに「中」についてであるが、この「中」を中間と解釈し、中つ国を上下に位置する三つの世界の真ん中にある国とする解釈が知られているが、黄泉つ国の「よも」を周辺を意味する「四方」と解釈して、地上の中心部分に存在する葦原の中つ国と、その周辺に存在する黄泉つ国という対応関係があるとする指摘もなされている。(15) 出雲の国と伯耆の国の境にあるというイザナミの埋葬地が黄泉つ国の原点であるとするならば、黄泉つ国は地上にある世界と言わざるをえないであろう。そして、後述するように、根の堅州国はこの黄泉つ国と重なる世界なので、地上よりも低い部分に存在すると考えるのは難しいように思われる。したがって、「中」は中央と解釈すべきであろう。

このように、葦原の中つ国は、生命力にあふれ、実りの豊かさを秘めた国としてとらえられており、このような国が地上の中心部分に存在していると考えられている。日本神話には様々な世界が登場しているが、この葦原の中つ国が最も重要な位置を占めることになるのである。

高天原から見た葦原の中つ国

『古事記』と『日本書紀』の神話では、葦原の中つ国はつねに高天原との関連で意識されている。その理由は、葦原の中つ国が天《あま》つ神（高天原に住んでいる神）たちに遣わされたイザナキとイザナミが形あるものに仕上げた世界であるということ、そして、この国こそが現在の日本にほかならず、それを天つ神の子孫が統治する正当性を示すことが『古事記』と『日本書紀』の神話における重要な目的の一つであったと考えられるからである。したがって、高天原にとって葦原の中つ国はつねに関心の的であり続けたのである。

しかし、この点に関して非常に奇妙な事実がある。『古事記』と『日本書紀』の記述によれば、国を形あるものに仕上げ、海や山などを生んだイザナキとイザナミにはもう一つ大きな仕事が残されていた。(16) それはその国を統治するにふさわしい神を生むことであった。その仕事は、『古事記』の記述では、イザナミの死後、イザナキ単独でおこなわれ、『日本書紀』本文の記述では、両神によっておこなわれることになる。その際に生まれたのがアマテラス、ツクヨミ、スサノヲであり、『古事記』ではこの三神を「三はしらの貴き子」と呼んでいる。当然、この三はしらの貴き子のだれかが葦原の中つ国の統治者になるはずであるが、実際のところ、『古事記』や『日本書紀』本文では、高天原や海原の統治者は定められるものの、葦原の中つ国の統治者は定められていない。他方、『日本書紀』にある二つの別伝においてのみ、葦原の中つ国と思われる世界の統治者が定められているが、一つの伝承(第五段の第六書)では、それをスサノヲとし、別の伝承(第五段の第一書)ではアマテラスとしており(この場合、高天原の統治者が定められていないことになる)、一致していないのである。

『古事記』や『日本書紀』本文では結局、アマテラスが高天原の統治者となり、スサノヲは根の堅州国に赴くが、統治者の器ではないとして、地上の世界を追い払われてしまうので、国(この場合は葦原の中つ国)の統治者として三はしらの貴き子を生んだはずなのに、だれもその統治者にはなっていないということになる。これは非常に奇妙な事実といわざるをえないであろう。

そして、統治者のいない葦原の中つ国がどのような状態になっていたかというと、荒々しく、邪悪で、騒がしい神々が跋扈《ばっこ》する無法地帯のような世界として描かれている。この神々は「国つ神」と呼ばれていて、高天原にいる天つ神とははっきり区別されている。しかし、国つ神という存在には、少なくとも『古事記』の記述によれば、イザナキとイザナミが生んだ神々が多数含まれており、[17]そのイザナキとイザナミに地上の世界に行くよう命じたのは天つ神であったはずなのであるが、高天原の神々からは邪悪な存在として敵視されているのである。それは、天つ神の子孫が葦原の中つ国を支配する正当性を示す伏線であったのかもしれない。

ところが、この葦原の中つ国に、根の堅州国（または根の国）に行くはずだったスサノヲが現れる。スサノヲはヤマタノヲロチを倒して、英雄ぶりを発揮し、出雲の地に宮殿を建てている。この宮殿が単に新婚生活のための建物であったとは考えにくい。というのも、妻の父を宮殿の長官に任命したり、自分の子に宮殿を譲ったりしているからである。それらの記述を考慮するならば、スサノヲは葦原の中つ国の支配に関わる存在であったのではないかと思われる。

そのあと、葦原の中つ国の支配に関わるのはオホクニヌシであるが、伝承ではスサノヲの子孫として位置づけられ、かつ、スサノヲの娘を正妻としている。あたかもスサノヲの後継者であるということで、その果たすべき役割が確保されているかのような描かれ方である。

これらの記述を見ると、『古事記』や『日本書紀』では必ずしも明示されていないが、スサノヲを葦原の中つ国の支配に関わる存在とみなす暗黙の了解があったのではないかと思われる。だからこそ、『古事記』において、アマテラスが自分の子（この子は実はスサノヲが生んだ子で、ウケヒの際に親権が変更された）を葦原の中つ国の統治者であると宣言したと推測されるのである。この点については第三章で詳しく扱うつもりである。

葦原の中つ国と人間

葦原の中つ国に関する記述を締めくくる最後として、やがて神に代わって地上の世界の主人公になってゆく人間の位置づけについて、『古事記』と『日本書紀』の記述を考察することにしよう。

まず『古事記』の場合、人間にはじめて言及するのは、イザナキが黄泉つ国に行った際の記述である。イザナキは黄泉つ国のおぞましさを目の当たりにして元の世界に戻ろうとするが、一度死の世界に入った以上、元の世界に戻すまいとするイザナミの執拗《しつよう》な追撃を受ける。それから逃れようとしていたとき、モモの実があったので、それを追いかけてくる魔物たちに投げつけると、魔物たちは退散してしまった。そこで、イザナキはそのモモの実に、自分を助けたように、「あおひとくさ（青人草）」が苦しんでいるときにも、助けてあげなさいと語る。この「あおひとくさ」こそ人間に相当するものである。その直後に、追いかけてきたイザナミとのやりとりがあるが、その際には、イザナミが「ひとくさ（人草）」を一日に千人を殺そうと呪っている。

それ以外にも、「をみな（女人）」や「かぬち（鍛人）」や「しにびと（死人）」など、「人」という語が付された表現がいくつか見いだされるが、それらは漢字でそう表記されているだけであって、実際には人でない場合が多い。たとえば、「をみな」というのは、イザナキがイザナミに語りかけたことばである。

これに対して、『日本書紀』の場合、本文では黄泉つ国の神話が登場しないので、人間にはじめて言及する場面も『古事記』とは異なっている。それは、スサノヲが生まれ、その神について説明する際に、つねに泣いてばかりいて、その泣き方があまりに激しいので、「ひとくさ（人民）」が多く死に至ったというものである。一つの別伝（第五段の第六書）には、『古事記』と同様に、黄泉つ国の神話が出てきており、イザナミが「ひとくさ（国民）」を殺そうと呪っている記述があり、もう一つの別伝（第五段の第十一書）では、食物神であるウケモチの死体にできた作物をアマテラスが手にして、これは「あおひとくさ（蒼生）」の食べ物であると述べている記述がある。(18)

それ以外にも、「神人《かみ》」などのように、「人」という語は出てくるが、『古事記』と同様に、人間のことを指していない場合が多いのである。

これらが『古事記』と『日本書紀』の神話における人間への言及であって、結論的にいえば、そもそも人間を主題として取り扱うという視点を欠いていると指摘することができるであろう。そして、漢字表記は異なる場合があるものの、前述の用例がすべて、人間を「くさ」という語と結びつけていることから、結局、人間はその辺に生えている草なのであり、いつのまにか葦原の中つ国に生じていた存在にすぎないと位置づけられているのである。

神話学の知見によれば、神話における重要なテーマの一つに、人間の起源というものが含まれている。この人間の起源に関する神話は内容的に創造型と進化型と出現型という三つに大別することができる。創造型では神による人間の創造が、進化型では動物、植物、卵などからの進化が、出現型では、人間が天から降ってきたとか、地中から湧いてきたなどと説かれている(19)。この三類型に当てはめるならば、『古事記』と『日本書紀』の記述は、人間が地上の世界で勝手に成長したという点で、出現型に該当するのであるが、そもそも『古事記』と『日本書紀』の神話が人間の起源そのものに積極的な関心を示していない以上、そのような特定はあまり有効ではないかもしれない。

『古事記』と『日本書紀』の神話には、天つ神の子孫が地上の世界の統治者となり、それが天皇家につながってゆくという中心的なモチーフがある。そのモチーフに反しないかぎりにおいては、様々な世界や神々についての記述が展開されてゆくが、その記述は結局、人間のあり方を問うまでには及ばなかった。それが結果的には、神と人間の境目がきわめて曖昧になっている日本人の神観念上の特色にもつながってくるように思われる。

四　黄泉つ国と根の堅州国

『古事記』と『日本書紀』の神話では、高天原や葦原の中つ国のほかにも様々な世界が登場している。そのなかでも特に注目されるのが、黄泉つ国と根の堅州国（『日本書紀』では「根の国」などと表現されている）である。ただし、この二つの世界をどのようにとらえるかについては、『古事記』と『日本書紀』のあいだで大きな違いがあるように思われるので、以下では、両者の記述を区別して、考察することにしよう。

『古事記』の記述①――黄泉つ国

『古事記』の記述によると、火の神カグツチを生むことで傷ついたイザナミは死に至り、その亡きがらは、出雲の国と伯耆《ほうき》の国の境にある比婆《ひば》の山に葬られたという。しかし、イザナミのことをあきらめきれない夫のイザナキはイザナミに会おうとする。そのときに向かったのが黄泉つ国である。「黄泉」というのは、古代の日本人が「よみ（よも）」と呼んだ世界に、冥界を意味する漢字の術語を結びつけたものである。「よみ」という語自体は「やみ（闇）」という語から派生したものであるともいわれるが、音韻上の問題もあり、それを断定することはできない。『古事記』の記述を見るかぎり、この黄泉つ国の特色については、つぎの三点を指摘することができるであろう。

その第一は、暗い世界であるということ。「よみ」の語源が「やみ」に求められているように、その世界は、光が遮断された暗闇である。ただし、『古事記』は、この暗闇で起こる出来事を、直接見ることができるかのように鮮明に描き出している。

第二は、けがれた世界であるということ。のちに「いなしこめしこめき穢《きたな》き国」（いやな厭わしくけがれた国）、「穢繁国《けがらはしきくに》」とも呼ばれているように、けがれに満ちた世界として描かれている。イザナキが会おうとした愛妻イザナミも、この世界においては、多くの虫がたかり、体中に魔物が巣くう化け物に変じていたのである。

第三は、地上の世界と隔絶した世界ではないということ。そもそもイザナキはこの世界を訪れることができたし、この世界の恐ろしさを知ったあとは、黄泉つ比良坂を通って、そこから逃亡することもできたのであった。逃亡したイザナキは最終的に千引《ちび》きの石《いは》を黄泉つ比良坂に置いて、黄泉つ国から地上の世界に来られないようにふさいでしまうが（ただし、のちにオホナムヂがこの黄泉つ比良坂をたやすく通り抜けてしまう）、この黄泉つ国は地上の世界と地続きの関係にあったのである。

以上の三点から見ると、黄泉つ国という世界は、わたしたちが生きている世界とまったく異なった死の世界を意味するというわけではないであろう。その世界は、死者を埋葬した墓地の光景という古代人の経験上のイメージによって形作られ、そのイメージを大きく引きずっているように思われるのである。もっとも、墓地といっても、それは現代人が「霊園」などの語でイメージする、太陽が燦々《さんさん》と照り注ぐ、切り開かれた土地などではない。おそらくは丘陵や地下に穴を掘ったもので、暗く閉ざされていて、そこに置かれた棺のなかには朽ち果ててしまった亡きがらが横たわっているのである。黄泉つ国が地上の世界と地続きであるという点も、遮断されているとはいえ、埋葬された場所が地続きであるという点から理解すべきであろう。

しかし、イザナミがのちに黄泉つ国を支配する神になったという記述があるように、墓地一般が黄泉つ国というのではない。少なくとも『古事記』の記述においては、イザナミを葬った出雲近辺の地が黄泉つ国のある具体的な場所としてイメージされていたといえるであろう。そして、この出雲という地を接合点にして、黄泉つ国は根の堅州国とも結びついてゆくのである。

『古事記』の記述②——根の堅州国と黄泉つ国の関係

『古事記』において、「根の堅州国」という表現が登場するのは二回である。そのいずれもが黄泉つ国と関連している。

まずその一つ目は、スサノヲが委ねられた海原を統治せず、妣《はは》の国である根の堅州国に行きたいと述べる場面に登場している。「妣」は母を意味するが、特に亡くなった母を意味する場合もある。『古事記』の記述では、スサノヲは父イザナキが単独で生んでいるので、母は元々存在しないはずであるが、根の堅州国はこの妣の国と結びつけられているのである。

では、この母とはいったいだれのことなのか。『古事記』に具体名は明示されていないが、神話のコンテキスト上、母といえば、イザナキの妻であったイザナミしか該当しないし、『日本書紀』本文では、スサノヲがイザナキとイザナミのあいだに生まれたことになっている。したがって、母とはイザナミのことであると考えるのが順当な解釈であろう。

しかし、母がイザナミであるならば、イザナミは死んで黄泉つ国に行き、そこにとどまったと記述されていることから、スサノヲが行きたいという根の堅州国とは、結局、黄泉つ国のことを意味することになるのである。

そして、二つ目は、オホナムヂ[20]が兄弟たちの迫害で死の危機にさらされていたとき、スサノヲのいる根の堅州国に行きなさいと指示された場面で登場している。オホナムヂは指示通りにスサノヲに会っているので、スサノヲが住んでいる場所が根の堅州国ということになるであろう。

オホナムヂがスサノヲから様々な試練を課せられるという形で話は進行してゆくが、特に注目されるのは、オホナムヂがスサノヲの寝ている隙をついて、その娘スセリビメを背負って逃げようとする場面である。スサノヲは気づいて追いかけるが、やがてある場所で追いかけるのをやめてしまう。その場所が黄泉つ比良坂であると記されている。周知のように、この黄泉つ比良坂は、黄泉つ国と地上の世界の境界にある坂で、イザナキがイザナミに離別を宣言した場所である。その坂が登場する以上、スサノヲが住む世界は黄泉つ国ということになるであろう。

しかし、スサノヲが住んでいる根の堅州国を黄泉つ国ととらえると、不都合な点も生じてくる。第一に、そもそもスサノヲは出雲の須賀《すが》という地を気に入り、そこに宮殿を建てて、住み着いたのであったが、死んでもいないのに、娘とともに、なぜ黄泉つ国に住み着いているのかという点があげられる。第二に、前述のような試練を受けている際に、スサノヲとスセリビメは、オホナムヂは死んでしまったと思ったのであるが、死者がおもむくべき黄泉つ国において、再び死ぬということがありうるのかという点もあげられるであろう。さらに第三として、イザナキは、黄泉つ国に行った際に付着した死というけがれをみそぎによって清めようとしたが、オホナムヂの場合、けがれどころか、むしろ、黄泉つ国に行くことで、力を得て、地上の世界の支配者になってゆくのであり、同じように黄泉つ国に関わりながらも、両者の位置づけがまったく異なる点である。

『古事記』に登場する根の堅州国の二つの用例が、黄泉つ国との関連を示しているので、『古事記』において根の堅州国と黄泉つ国が同一であるという可能性は否定できないが、その場合、以上のような不都合な点をどう整合的にとらえるかが問題になるであろう。

その一つの試みとして、前述したように、黄泉つ国を死の世界とはとらえずに、イザナミを葬った出雲近辺の地ととらえることも可能である。ただし、その場合、なぜ出雲近辺の地を根の堅州国と呼びうるのか、その理由を説明する必要があるであろう。その理由として、当時、出雲の地が宗教的一大拠点であり、その影響が大和にまで及んでいて[21]、大和朝廷にとって出雲の地は、「うつし国」と呼ばれる現実世界の根底にある霊的な世界とみなされていたことと関係しているのではないかという考え方が有力であると思われる。

『日本書紀』における黄泉つ国と根の国の記述

今度は『日本書紀』における黄泉つ国と根の国の記述を考察することにしよう。ただし、『日本書紀』の場合、本文と数種の別伝とでは、記述を大きく異にしており、その区別が必要となる。

まずは、黄泉つ国についてであるが、そもそも『日本書紀』本文に黄泉つ国は登場しない。登場しないということが、黄泉つ国の存在そのものの否定を意味するのかは分からない[22]。いずれにせよ、日本国の歴史を示すことを主眼としていた『日本書紀』編纂者は、黄泉つ国について言及する必要性を見いださなかったのである。この点は、イザナキが黄泉つ国に往還する話を詳細に描写し、そこに、生と死に関する神話的な解釈を盛り込もうとする『古事記』とは大きな違いがある。

それに対して、『日本書紀』の別伝には黄泉つ国が登場するものが数種あり（第五段の第六書、第七書、第十書)、内容も『古事記』の記述におおむね一致している。また、「黄泉つ国」という表現自体は登場しないものの、特に注目されるのが、それらとは異なる別伝(第五段の第九書)である。この別伝では、イザナキが亡き妻イザナミのモガリの場所に行ったと記述されている。モガリとは死者を埋葬する前に一定期間、その亡きがらを安置する儀式である。イザナキはそのモガリの場所で、亡くなったイザナミに再会するが、その変わり果てた姿に驚いて、慌てて逃げ帰ってゆくのである。この記述がなぜ注目されるかというと、『古事記』の黄泉つ国と同様の世界を描きながらも、それがイザナミの亡きがらを安置した場所であった点、つまり、それが地上の世界の特定の場所を指している点である。これは、黄泉つ国が、死者の世界でありながら、同時に死者の亡きがらを安置している地上の世界の具体的な場所とも接合しているという可能性を補強するものとなるであろう。

つぎは根の国についてであるが、『日本書紀』本文には第五段、第六段、第八段に計四個の用例が確認される。いずれもスサノヲに関するもので、スサノヲの荒々しい性格を危惧《きぐ》したイザナキとイザナミは、統治者の資格がないとして、根の国に追放してしまうのである。前述したように、『日本書紀』本文に黄泉つ国は登場しないので、根の国は黄泉つ国とまったく無関係なものになっている。断片的な記述から、根の国のイメージを具体的にとらえることは難しいが、それが遠い場所にあると考えられていること、そして、出雲に宮殿を建てたスサノヲが、生まれた子オホアナムチに後事を託して、根の国に向かっていることから、出雲とは別の場所にあることが分かる。後者に関しては、『古事記』の記述に関して筆者が想定した、根の堅州国が出雲の地を指すのではないかという仮説と真っ向から対立するものとなるであろう。

一方、『日本書紀』の別伝には合計で七個の用例が確認されるが、数種の別伝はそれぞれ異なる独自の伝承であるので、単純に概括することはできない。たとえば、第五段の第六書は『古事記』の記述と同様で、スサノヲが母イザナミを慕って根の国に行きたいと述べ、根の国と黄泉つ国が同一視されているが、他方、根の国をスサノヲの統治の地として（第五段の第一書）、あるいは、追放の地として（第五段の第二書や第七段の第三書）とらえる記述もある。

なお、第五段の第二書では、『日本書紀』本文と同様に、根の国を遠い場所にあると考えており、第七段の第三書では「底つ根の国」と表現し、垂直方向に下降した場所にあると考えている。そして、異色の記述を残しているのが第八段の第五書で、それによると、紀伊の国に行ったスサノヲが、そのあと、熊成峯《くまなりのたけ》で過ごして、さらに根の国に行ったという。この熊成峯は熊野という地名に関係するらしく、コンテキストからいえば、紀伊の熊野を指すと思われるが、出雲にも熊野という地名がある。

以上のように、『日本書紀』における根の国は、本文の記述では、黄泉つ国とも、出雲の地とも異なった遠い地にある世界として位置づけられており、数種の別伝の記述は多種多様で、そのなかには、根の国を黄泉つ国と同一視し、『古事記』の記述に一致しているものも見いだされるのである。

五　そのほかの世界像

　これまでに、日本神話に登場する代表的な世界像について紹介してきたが、日本神話がもつ多重的世界像はこれらだけにとどまるものではない。以下では、けっして主役の座を占めているわけではないが、独自の価値をもって存在するそのほかの世界像について取り上げたいと思う。

常世の国

最初は常世の国である。「常世」という語は『古事記』で八回、『日本書紀』で十四回登場しており、それらには、常世の国そのものを示している場合と、そうでない場合がある。常世の国という世界は、古代の日本人が思い描いていた理想的な他界像であり、それが神話のなかにも反映されていったのであろう。『古事記』と『日本書紀』の記述を見るかぎり、常世の国については、つぎのような三つの特色を指摘できると思われる。

　その第一は、常世の国が海のかなたにあると考えられる点である。『古事記』には、オホクニヌシの国作りを手伝っていたスクナビコナが常世の国にわたったという記述がある。これだけでは、海との関係が不明であるが、『日本書紀』の別伝（第八段の第六書）にも、スクナビコナが熊野の岬から常世の国に行ったという伝承や淡路島で粟の茎に弾かれて常世の郷《くに》に至ったという伝承がある。これらの記述から、常世の国の所在地を海のかなたに求めるのが順当であろう。さらに、それを補強するものとして、神武《じんむ》天皇の兄にあたるミケヌ（『日本書紀』ではミケイリノ）の話があげられる。『古事記』と『日本書紀』のいずれにおいても、ミケヌは波を踏み越えて、常世の国におもむいたと述べられているのである。[23]

第二は、常世の国が永遠性という観念をともなっている点である。「常世」という語が常世の国を示していない場合もあると前述したが、それは常世の国のもつ永遠性という観念が独立し、「常世」の語が永遠性を示す術語になっている場合があるからである。たとえば、オモヒカネは「常世のオモヒカネ」と呼ばれる場合があるが、これはオモヒカネが永遠にものを思う神であることを指している。[24]これに関連して、橘の実の説話がある。常世の国には、季節に関係なく永遠に実っている、香りのする木の実があるとされており、『古事記』と『日本書紀』の記述によると、タヂマモリという人が垂《すい》仁《にん》天皇から常世の国に行って、とってくるよう命じられて、持ち帰ってきた。それが今の橘の実であるというのである。

第三は、常世の国から来たものが幸福をもたらすという点である。『日本書紀』（皇極天皇三年、六四四年）の記事に、大生部多《おほふべのおほ》という人物が、ある虫を「常世の神」であると称し、これを祭ると、富と寿命が得られると説いた。この虫を「常世の神」と呼んだのは、常世の国から来たものが幸福をもたらすという観念が背景にあったからであると思われる。だからこそ、この虫のもたらす幸福を信じて、人々が群がり、大きな社会現象となっていったのである。[25]

これに関連して、前述のスクナビコナという存在が注目される。『古事記』と『日本書紀』の記述によると、スクナビコナは船に乗って海からやってきて、オホクニヌシの国作りを手助けするという幸福をもたらした。そのあと、スクナビコナは常世の国にわたったとのみ記され、その理由は明示されていない。しかし、それを常世の国に帰ったのであると理解するならば、スクナビコナが海からやってきた点、幸福をもたらした点、そして、常世の国にわたった点がうまく説明できるであろう。[26]

以上のように、『古事記』と『日本書紀』の記述に基づいて、常世の国という世界について、その特色を指摘した。常世の国は神話の流れに必ずしも大きく関与しているわけではないが、海のかなたにある理想的な他界として、古代日本人の意識のなかに存在しつづけていたことが知られるのである。

海の世界――ワタツミの支配する世界

前述のように、古代日本人は、海のかなたに常世の国という理想の世界を想定したのであるが、『古事記』と『日本書紀』の記述によると、海そのものにも、地上の世界とは異なる世界があると考えていたようである。そこには「ワタツミの宮」、あるいは、「ワタツミトヨタマビコの宮」[27]と呼ばれる宮殿があり、ワタツミがその世界を支配しているのである。このワタツミは海を支配する神であって、『古事記』においてイザナキとイザナミのあいだに生まれたとされるオホワタツミと同一視される可能性が高いが、海をどう捉えるかによっては、両者を区別する必要性も指摘できるであろう。

ワタツミは元々様々な自然現象を支配する神々の一員にすぎず、『古事記』や『日本書紀』で展開される神話において特に活躍する神として位置づけられてはいなかった。ところが、ある出来事を契機にワタツミの存在が大きくクローズアップされるのである。その出来事とは、地上の世界に天くだりしたホノニニギの子であるホヲリが思い悩んで、海の世界のワタツミの宮殿におもむいたことである。ワタツミはホヲリに娘のトヨタマビメを嫁がせて、丁重にもてなした。そして、ホヲリの悩みを難なく解決し、新たな力を授けて、地上の世界へと送り出すという重要な役割を果たすのである。

話を世界像に戻すが、そもそもこのワタツミの宮殿は海のどこにあるのであろうか。『古事記』の記述では、船を押し流すと、よい海路があるだろうと述べるだけで、その海路とワタツミの宮殿の関係は不明である。したがって、宮殿が海のなかにあるのか、海のかなたにあるのかはっきりしない。それに対して、『日本書紀』の記述では、ワタツミの宮殿に関する記述が見いだされるすべての伝承において、「海に沈む」や「海の底」などと説明しているので、ワタツミの宮殿は明らかに海のなかにあると思われる。ここでは一応、ワタツミの宮殿が海のなかにあると理解しておこう。

しかしながら、その理解にとって不都合な記述も存在している。すなわち、海の中をしばらく行くと、自然にすばらしい小さな浜（うまし小汀《おはま》）に到着するというのである。浜というのは陸に接した海辺のことを意味しているので、海のなかに浜があるというのは明らかに不自然である。しかし、『日本書紀』のほとんどの伝承で、浜に到着すると記述しているので、けっして誤りとはいえないであろう。とするならば、ワタツミの宮殿は、海中にそのままあるというよりは、海を通じてつながっている別世界にあると推測することができると思われる。『古事記』や『日本書紀』によれば、このワタツミの宮殿の門前に井戸のようなものがあって、そのそばに香木《かつら》が生えているという記述がある。この記述も宮殿が単に海中にあるのではないという推測を補強するであろう。

以上のように、海を媒介にして、わたしたちが住む世界とワタツミの宮殿がある世界という二つの世界が共存していると考えることができる。水は天空、地上、海、地の底といったありとあらゆる場所に存在し、それらを貫いている。このような感覚が、水は異なる世界を結ぶ媒介になりうるという観念を生み出したのであろう。

この宮殿のある世界において、ワタツミは「王《きみ》」と呼ばれており、海を経て広がるその世界はワタツミが支配していた。その世界の住民とは実は魚たち（厳密にいえば、カメなど海に住む動物も含まれている）である。そして、ホヲリに嫁いだトヨタマビメが出産するとき、本来の姿である「和邇《わに》」（「鰐《わ》魚《に》」「鰐」とも。ワニかサメのことであるという）に戻らなければならないと述べているように、この世界に住むワタツミとその一族たちも本来は魚のような姿をした存在であったのであろう。してみれば、ワタツミの宮殿がある世界を、海を介在して広がる別世界と位置づけたが、厳密にいうならば、あくまでもその世界は、地上の世界になぞらえて、見立てた世界であって、実際は、魚たちが住んでいる海中そのものであった可能性もありうる。『古事記』と『日本書紀』はそれをワタツミが支配する世界としてとらえ、地上の世界とは異なる他界としてイメージしたのかもしれない。

罪のけがれの行き着く世界

これまで、日本神話の世界像について様々に考察してきたが、その最後として、『古事記』や『日本書紀』ではなく、祝詞《のりと》に見いだされる神話記述にも目を向けてみたい。それは「六月《みなづき》の晦《つごもり》の大《おほ》祓《はらへ》」というもので、六月の終わりの日におこなわれる、人間が犯した様々な罪を祓《はら》うための朝廷行事で唱えられる祝詞である。

日本神話には、罪を犯すと、(28)その身がけがれてしまうという考え方がある。けがれている状態は本来の姿ではないので、その罪のけがれを取り除いて、元に戻すことが必要になる。それが祓いという行為の目的である。さらに、罪のけがれは、体についたよごれと同様に、物理的な形で表現される場合が多く、けがれを祓う行為は、よごれをおとす行為に擬せられて考えられている。たとえば、罪を犯したわけではないが、黄泉つ国に行って、死のけがれが付着したイザナキは、身に付けていた衣服や装身具などを投げ捨て、水の流れによってそのけがれから身を清めたし、高天原で様々な罪を犯したスサノヲは、八百万《やほよろづ》の神によって、その罪のけがれを徹底的に祓われ、追放されたのである。

この祝詞の記述によると、皇御孫《すめみま》（すなわち、ホノニニギ）が治めていた地上の国は元々平穏であったが、だんだんと増えていった人間が様々な罪を犯し、そのけがれが生じてしまった。それゆえ、この祝詞が唱えられるに至ったという。この祝詞を唱えれば、天つ神や国つ神が必ず聞き届け、罪のけがれを祓ってくれるというのである。その祓い清める様子は、風が雲や霧を吹き放つようなもの、浮かべた大きな船の前後から大海原に綱を解き放つようなもの、繁った木を鋭い鎌で打ち払うようなものであると述べられている。つまり、あざやかにけがれを祓ってくれるということである。

では、そのように祓い清められた罪のけがれはどこに行くのであろうか。それとの関連で、天上でも、地上でもない、ある一つの世界が見えてくるのである。

まず川で祓い清められた罪のけがれは水の流れに乗って移動するが、水流の速い川瀬にはセオリツヒメという神がいて、そのけがれを海にもっていってくれる。すると、川と海の水流が交差しているところには、ハヤアキツヒメという神がいて、その罪のけがれをがぶ呑みしてくれるという。ハヤアキツヒメは『古事記』にも登場する神で、ハヤアキツヒコと一対になって、河口を司っている(29)。その神が大きな口をあけて、罪のけがれをがぶ呑みするという発想がユニークである。つぎに、イブキドヌシという神が登場する(30)。この神は息を吹き出す神である。記述を見ると、ハヤアキツヒメががぶ呑みした罪のけがれを吹き払うように受け取れるので、ハヤアキツヒメが呑み込んだ罪のけがれをイブキドヌシのいる場所まで運んで、吐き出すという記述が省略されているのかもしれない。

このイブキドヌシが罪のけがれを吹き出す先が根の国底の国という世界である。「根の国底の国」という表現は、けっして二つの国を指すのではなく、同じものを重ねて表現しているのであろう。その表現からして、その世界ははるかかなたの奥深いところにあることが予想される。『日本書紀』の別伝(第七段の第三書)に「底つ根の国」といういい方があり、それとの類似性が指摘できるかもしれない。根の国は、前述したように、『古事記』や『日本書紀』にも登場する世界である。ここに登場する根の国底の国がこの根の国と一致するのかははっきりしない。

この祝詞で描写されている根の国底の国というのは、スサノヲが住んでいる世界でも、黄泉つ国と同一視される死の世界でもない。そこにはハヤサスラヒメという神がいて、次々と送られてくる罪のけがれを一身に受け取って、その神名が示している通りに、おそらく根の国底の国という果てしなく広大な世界を永遠にさまよい続けるのであろう。つまり、根の国底の国とは、送られてきた罪のけがれの、いわば終着駅とも言える場所なのである。

第二章　日本神話における神観念

いうまでもなく、日本神話の主人公は様々な神話において活躍する神々である。しかし、この神々は、同じ神といっても、神格化された対象、神の位置づけなど多種多様であり、また、そもそも「神」という概念の意味をどうとらえるかという問題もある。本章では、日本神話で記述される神観念について、様々な角度から考察することにしたい。

一　神とはなにか

第一節では、「神」という概念がなにを意味しているのか、そして、それにともなう問題にも言及しながら、考察することにしよう。

日本神話における「神」

『古事記』と『日本書紀』の神話記述には、多くの存在者が登場しているが、それらの存在者に対する名前の表記の仕方に注目すると、①名前の終わりに「神」という語が付されているもの、②名前の終わりに「ミコト」（漢字で表記すると、『古事記』では「命」、『日本書紀』では「尊」と「命」が併用されている）という語が付されているもの、③名前の終わりに「神」や「ミコト」が付されていないもの、という三種類に大別することができるであろう。

①以外は「神」という語が付されていないのであるが、だからといって、②や③が神であるということが否定されているわけではない。というのも、『古事記』と『日本書紀』のいずれにおいても、②や③の存在者に対して、それを神であると明確に述べているからである。そのような事例は数多く見いだされるが、若干の事例として、『古事記』では、②についてはツクヨミのミコト、③についてはクエビコ、『日本書紀』では、②についてはクニノトコタチのミコト、③についてはタコリヒメが神であると明示されている点をあげておこう。

なお、これとは直接関係しないが、『古事記』の場合、①の神が多く登場しているのに対して、『日本書紀』の場合、①の神はほんのわずかしか登場しておらず、ほとんどが②の神であるという差異が見られる。

したがって、少々込み入っているが、「神」という語が付されているものも神であり、「神」という語が付されていないものも神であり、結局のところ、神話に登場している存在者の大半は神として位置づけられていると考えられるのである。

このように、神話に登場する存在者は、「神」という語が付されているかどうかにかかわりなく、同じように神として位置づけられていて、そのような位置づけによって、それらの存在者に関して、編纂者とそれを受け取る側とのあいだにある種の了解が成り立っていると推測される以上、そこには、「神」という概念に対する共通の認識があったと考えてよいであろう。その共通の認識を理解するためには、日本神話の記述そのものに着目しなければならないが、残念ながら、その記述そのものに「神」という概念に関する明確な定義や説明を見いだすことはできない。もっとも、その記述が神話伝承であって、理論書のたぐいではないのだから、それはある意味当然のことではある。したがって、なんらかの方法を用いて、「神」という概念の意味に迫ってゆく必要があるであろう。

カミと神

「神」という概念の意味を明らかにする方法の一つに、「神」という漢字で表記される以前に存在していた「カミ」という日本語の語源を明らかにするというものがある。この方法に基づき、「カミ」という語の語源について様々な説が提唱されてきた。そのなかでも、もっとも知られているのが、「カミ」を上という意味の「カミ」と同一視する説である。神はつねに高天原《たかあまはら》のような上方の世界に存在しているので、「カミ」と呼ばれるようになったというものである。この説は実に単純で、かつ、神は地上の世界ではなく、上方の世界にいるのであろうという一般的な通念ともよく合致していたため、広く受け入れられてきたのである。そのほかには、「カガミ（鏡）」に由来するという説、「カシコミ（畏）」に由来するという説、「カミ」の「ミ」を「ヒ（日）」の転化ととらえ、太陽に由来するという説などがある。

これらの説はいずれも神を意味する「カミ」という語の語源を説明するために考え出された説であるが、これらの諸説を一刀両断で否定しかねない日本語学上の新しい学説が明治時代に発表された。それは「上代特殊仮名遣い」と呼ばれるものである。その学説によると、『古事記』、『日本書紀』、『万葉集』という奈良時代以前のいわゆる上代文献には、ある特定の音について、甲類と乙類の万葉仮名の書き分けが見いだされ、両者は厳格に区別されていたという。その区別は、上代においては、ア・イ・ウ・エ・オという現在の五種の母音以外にも、イ・エ・オについては、甲類と乙類の二種類に分かれて、合計して八種の母音があったという音韻上の理由に由来しているとも指摘されている。

この上代特殊仮名遣いについては、書き分けの事実はたしかにあるものの、それがそのまま甲類と乙類の母音があるということの根拠にはならないとする反論もあり、現在もその是非が問われているが、有力な学説として受け入れられているのは事実である。

この特定の音のなかには「ミ」の音も含まれている。そして、神を意味する「カミ」の「ミ」は乙類の「ミ」であるのに対して、上を意味する「カミ」の「ミ」は甲類の「ミ」であり、異なっているとされるのである。したがって、両者は音韻上ではまったく別の語であると判断される。さらに、前述した「カガミ」の「ミ」、「カシコミ」の「ミ」も、すべて甲類の「ミ」であり、神を意味する「カミ」の「ミ」とは別のものであるということになる。

もちろん、そのような上代特殊仮名遣いの使い分けが失われてしまった時代に、神を意味する「カミ」という語が上という意味の「カミ」という語と結びつけられるようになったという主張は可能であろう。しかし、それは神を意味する「カミ」という語の本来の意味を説明したことにはならないのである。この上代特殊仮名遣いという学説の登場によって、「カミ」という語の語源を明らかにするという方法は事実上、暗礁に乗り上げてしまったといえるのである。

ところで、このような方法とは別に、「神」という概念の意味をある程度類推することは可能であろう。「カミ」が「神」と表記されたのは、「カミ」という日本語が元々あり、それに漢字の「神」という文字を対応させたからであるが、この対応づけは、「カミ」という日本語と「神」という漢字が意味的に類似していたため、おこなわれたのであろう。したがって、「神」という漢字のもつ意味は、「カミ」という語の意味を明らかにする際に、ある程度参考になるといえるのである。

そこで、「神」という漢字の意味を調べてみると、おおよそ、①天《てん》の神、②霊魂、③精神、④霊妙で計り知れない働き、⑤きわだった特性があること——にまとめられる。これらのうち、日本神話の記述と対照させると、「カミ」は地の神も含んでいるので、①は除外され、③も人間に関わるものなので、除外してよいと思われる。したがって、「カミ」という語は、残った②、④、⑤の全部、あるいは、一部を要素としてもっている可能性が考えられる。つまり、特別な力や霊魂ということになる。それは、タカミムスヒ、カグツチ、オホワタツミなどのように、神名の一部に含まれる形で出てくる「ヒ（霊力）」、「チ（精霊）」、「ミ（神霊）」という概念ともよく対応しているように思われる。

「神」という概念の帰納的定義

以上のように、「カミ」という語の語源を明らかにするという方法も有効な一手を欠いているし、「神」という漢字の意味との類似性から、「カミ」という語の意味をある程度把握することは可能ではあるが、それはあくまでも類推であって、「カミ」という語の意味を直接明らかにしたわけではない。その意味で、「神」という概念の意味を言語学的に把握することには、困難な状況にあると思われる。

このような状況を先取りする形で、現実的な方法をとった人物がいる。それは江戸時代に『古事記伝』という浩瀚《こうかん》な『古事記』研究の書を著した本居宣長《もとおりのりなが》である。本居宣長は、「神」という概念に対する古来の諸説を一蹴《いっしゅう》し、実際の文献に登場する神に関する用例から帰納的にその意味を確定するという立場をとった。本居宣長が提示した「神」という概念の定義を現代語訳にして紹介すると、つぎのようになる。

神とは、いにしえの聖典に見いだされる天《あめ》と地《つち》の諸々の神たちをはじめ、それを祭っている社《やしろ》に鎮座する御霊《みたま》をもいい、人だけでなく、鳥、獣、木、草のたぐいや海や山など、そのほかなにものであれ、日常的でないすぐれた特性をもち、畏敬すべきもののことである。いにしえの聖典とは『古事記』や『日本書紀』などであり、それらの文献で神として登場し、のちに神社で祭られるようになった存在者たちをはじめ、人間のみならず、動植物、自然物など、ありとあらゆるものが、一定の条件を満たしているかぎり、神として位置づけられる。その条件とは、日常的でないすぐれた特性をもっているため、畏敬されるものである、という点に求められている。

なお、すぐれた特性というのは、けっして善なるものとはかぎらない。邪悪なもの、おぞましいものなど、外国の宗教では、悪魔的なものとしてみなされるようなものであっても、日本では神になりうるのである。たとえば、『古事記』には、祟って伝染病を発生させ、多くの人間を死に追いやったオホモノヌシの話があり、本書の第五章で触れることになるが、『風土記』には、通行の邪魔をして、通行人を次々と殺してしまう恐ろしい神の話が少なからず見いだされるのである。

筆者が見るかぎり、現在に至るまで、本居宣長が提示したこの定義をくつがえすような主張はないと思われる。それは、この定義が神々に関する具体的な記述を帰納的に集約したもので、日本における神という存在について、的確に位置づけることに成功しているからであろう。

ただし、あえて補足するならば、ほかの概念と同様、「神」という概念も時代とともにその意味が変化していった可能性が考えられる。本居宣長の場合、上代から江戸時代までを、いわば共時的な場のように位置づけ、そこから「神」という概念の意味を導き出しているが、神話文献における「神」という概念とそれ以降の宗教上の「神」という概念がつねに同一であるという保証はない。日本神話における神に関して限定的な言及をするのであれば（『古事記伝』における神も同様の言及となるであろう）、「神」という概念の意味を導き出す際に、神話編纂時よりも時代がくだった事例の扱いには注意すべきであると思われる。

その点で特に気になるのは、上述の定義にある「人」に関する言及であり、また、『古事記伝』の別のところで、一国一里一家のどこでも、神になっている人がいると述べている点である。これは、生きていた人間がそのまま神として祭られる、いわゆる御霊《ごりょう》神などを念頭においているもののように思われる。たしかに日常的でないすぐれた特性をもち、畏敬されるものであれば、どのようなものも神となりうるのであるから、人間も神となる可能性はあるであろう。しかし、神話の記述を見るかぎり、御霊神的な神という発想はまだ成立していなかったのである。

若干、批判的な言及にもなったが、本居宣長が提示した帰納的定義を以下の考察においても基礎とすることにしたい。

二　神の特色

第二節では、日本神話における実際の描写に基づいて、神の特色を考察することにしたい。ここで特に取り上げるのは、神の誕生の仕方、神の姿形と性別、そして、神の死についてである。

神の誕生の仕方

日本神話に登場する神の誕生の仕方は多種多様であり、細かな違いまで考慮するならば、その分類方法は様々に考えられるであろうが、ここでは、『古事記』と『日本書紀』で用いられている「なれる」（成れる、生れる）と「うむ」（生む）という使い分けに着目したい。(1)

「なれる」とは、それ自身で成立するような誕生の仕方である。もちろん、その誕生の際には、だれかが誕生させようとする意欲や働きかけがあったり、誕生の際に材料として用いられるもの（これを「ものざね」という）が登場したりする場合もあるが、だれかが自身の内部から直接生み出すものではない。このような誕生を「発生型」と呼ぶことができるであろう。

それに対して、「うむ」とは、だれかが直接生み出すことを意味している。この場合、生み出される者は生み出す者のなかから誕生するので、ものざねは必要ない。その意味で、このような誕生を「出生型」と呼ぶことができるであろう。

以上のように、神の誕生は大別すれば、発生型と出生型に分けられ、誕生の記述が見いだされる神については、必ずどちらかの型に分類されることになる。以下では、誕生に関して特筆される事例を紹介することにしよう。

まずは、神話の冒頭部に登場する神々についてである。神話にはじめて登場する神は『古事記』と『日本書紀』とでは異なり、『古事記』ではアマノミナカヌシ、『日本書紀』本文ではクニノトコタチ、別伝の伝承では、ウマシアシカビヒコヂ、アマノトコタチなどとなっているものもある。これらの神は神話にはじめて登場する神であり、したがって、その神を生み出す別の神は存在していないので、出生型にはなりえない。いずれの神も自然に発生したという形になっている。そのあとの「神《かむ》世《よ》七《なな》代《よ》」と呼ばれる神々においても、出生型の神は見られない。神の出生が成り立つためには、男性と女性という二つの性の確立を意味するイザナキとイザナミの登場を待たなければならなかったのである。[2]

つぎは、アマテラス、ツクヨミ、スサノヲを総称した三はしらの貴き子についてである。イザナキとイザナミは多くの神を生み出したが、『古事記』では、神生みの最中にイザナミが死んでしまう話になっているので、三はしらの貴き子は父イザナキが単独で生んだことになっている。しかし、その生み方は、左右の目、鼻から三はしらの貴き子が「なる」という表現がとられており、明らかに発生型である。(3) これに対して、『日本書紀』本文では、イザナミは死なないという話になっているので、アマテラス、ツクヨミ、スサノヲは母イザナミによって生み出される。これは、同じ神の誕生について、発生型と出生型が交錯している例として位置づけられるであろう。なお、『古事記』や『日本書紀』の別伝（第五段の第六書など）の記述によると、イザナキはそれ以外にも多くの神々を発生という形で生み出している。(4)

つぎは、アマテラスとスサノヲのあいだでおこなわれたウケヒの際に誕生した神についてである（ウケヒについては、第三章であらためて触れる）。これは、姉アマテラスと弟スサノヲがお互いの所持品を交換して、子どもを生み合うというものである。これも形式上は、ものざねを通じて、お互いが神を誕生させるという発生型に属するであろう。

このウケヒのあと、発生型の神は誕生しなくなり、男の神と女の神のあいだに子が生まれるという出生型が標準になってゆく。それは、神話の世界にも時間的な推移があり、徐々に人間の世界に近づいているという認識を反映しているようにも思われる。

神の姿形と性別

日本神話に登場する神はいったいどのようなあり方をしているのであろう。ここでは、この問題に迫ることにしたい。

まず大きな分岐点として、神は姿形をもっているのか、もっていないのかという分かれ目があるだろう。一般に日本の神は姿形をもたず、なにかを通じて顕現するものととらえられているが、[5]神話の記述を見るかぎりにおいては、神は姿形をもつものとして描写されている。しかも、その姿形はほとんどの場合、人間的なものであるといってよい。『古事記』や『日本書紀』には、それを示す多くの記述を見いだすことができる。

たとえば、カグツチの死体から神が発生するという記述があるが、その死体は、頭、胸、腹、左右の手、左右の足などで構成されており、頭が複数あったり、尻尾があったりするわけではない。さらに、イザナキについても、詳しい描写があり、それを総合すると、イザナキは角髪《みづら》という古代の日本人男性の髪型をし、そこに蔓草《つるくさ》を輪にした冠や櫛《くし》を付けていた。そして、刀剣、杖、帯、袋、衣、袴、手にまいた装身具などを身に付けていた。ほかにも、アマテラスが鎧などの武具を身に付けている描写などがあるが、基本的に神々の姿形は人間とまったく同じような形でイメージされているのである。

このように、ほとんどの神は人間となんら変わらない姿形であると思われるが、異形をした神も存在しており、その希少さゆえに、異彩を放っている。たとえば、その筆頭にあげられるのがサルタビコであろう。日本神話において、神の顔に関する描写は皆無に近いが、サルタビコに関してのみ、

『日本書紀』の別伝（第九段の第一書）にその描写がある。それによると、鼻が長く、目が赤く輝いているとされ、その異形ぶりが示されている。そのほかにも、手のひらに乗るような小さな姿をしたスクナビコナ、かかしが神格化され、風雨で朽ち果てた姿で表し出されたクエビコなどがあげられる。[6]

以上のように、神話に登場する神のほとんどが人間と同様の姿形をもっていることが知られるのであるが、人間の姿形に関していえば、男性か女性かの性別が大きな意味をもっている。神の場合は、性別の問題はどうなっているのであろうか。『古事記』と『日本書紀』において、この世界に最初に登場する神についての記述があるが、神の性別の問題もそれに関連して出てくる。

『古事記』では、最初に現れるアマノミナカヌシをはじめとする別天《ことあま》つ神や神世七代の途中までの神について、それらを「独り神」であると述べている。この独り神は、従来指摘されているように、男女の性別をもたない神ととらえることもできるであろうし、男女のどちらか一方の神ととらえることもできるであろう。しかし、男女のどちらかであるならば、あえて「独り神」と述べる必要はないようにも思われる。ここでは、神世七代の途中までの神については、男女の性別をもたない神として位置づけていたと考えておきたい。つまり、男女未分であった神が男神と女神という形に分化し、それがイザナキとイザナミにおいて、完成形態に至るのである。

それに対して、『日本書紀』の場合、その本文で、クニノトコタチが最初に現れ、ついで、クニノサツチ、トヨクムヌが現れる。この三神は「純男《ひたを》」であったと述べられている。この純男は男性そのものであって、女性的なものをまったく含んでいない存在とされている。つまり、『日本書紀』本文では、神の原初的形態は男性原理そのものであったというのである。ただし、それにともなって必要になってくるもの――女性原理が新たに登場する事情――についての明確な説明はない。また、『日本書紀』の別伝については、記述が断片的で、明確な指摘はできない。

このように神の性別に関して、『古事記』と『日本書紀』では、その原初的形態に関するとらえ方に違いがあるように思われるが、いずれにせよ、イザナキとイザナミが登場することによって、男神と女神という性別が確立し、それ以降の神はそのいずれかの性をもつことになるのである。

神の死

ここでは、神の死という問題を取り上げたい。一般に神は不死なるものとして理解される場合が多いが、日本神話の神はどうであろうか。結論からいえば、日本神話の神は死ぬ場合があると指摘することができる。実際、『古事記』や『日本書紀』には、神が死に至ったという記述が少なからず存在しているのである。以下では、その記述を紹介してみよう。

まずは、『古事記』と『日本書紀』別伝に出てくるイザナミの記述である。イザナミは夫イザナキとともに国と神を生みつづけたが、火の神であるカグツチを生む際に、やけどを負い、死んでしまう(7)。そして、出雲の国と伯耆《ほうき》の国の境にある比婆《ひば》の山に葬られたという(8)。

つぎは、同様に『古事記』と『日本書紀』別伝（第五段の第五書、第六書、第七書、第八書）に出てくる、イザナミを死に至らしめたカグツチの記述である。妻イザナミを失ったイザナキは悲しみ、カグツチを殺してしまう。そして、文字通り、八つ裂きにされたカグツチの体から八柱《やはしら》のヤマツミ（山の神）が生まれたという。

つぎは、神の服を織る女神の記述で、『古事記』では「アマノハトリメ」、『日本書紀』別伝では「ワカヒルメ」と呼ばれている。この女神が清められた建物で神の服を織っていたとき、スサノヲが、皮を剝いだ馬（剝いだ馬の皮という説もある）を天井から落とすと、その女神は驚きのあまり、機《はた》織りの道具を体に突き刺し、死んでしまったのである。なお、『日本書紀』本文には、この女神は登場せず、アマテラスが負傷したことになっている。

つぎは、『古事記』に出てくるオホゲツヒメの記述である。スサノヲが食物を司る神であるオホゲツヒメに食物を所望したところ、オホゲツヒメは口や鼻や尻などから食物を出し、差し出した。そのような汚らしい食物を提供されたことに怒ったスサノヲはオホゲツヒメを殺してしまったのである。これは一見残虐な話のように思われるが、豊穣をもたらす女性の死体から食物がもたらされるという食物化生《かせい》神話であると考えられる。なお、『日本書紀』別伝（第五段の第十一書）には、同じような事情で、ツクヨミがウケモチという食物神を殺すという神話が出ている。

つぎは、『古事記』に出てくるオホナムヂの記述である。オホナムヂはほかの兄弟たちを差し置いてヤカミヒメと結婚するが、それに怒った兄弟たちは、オホナムヂを誘い出し、焼いた石にぶつけて殺してしまう。ただし、死んだオホナムヂは、母の懇願によって、カムムスヒの力で蘇らせられた。そのあとも、大木の幹にはさまれて殺されるが、再び蘇らせられた。日本神話で蘇るという話が出るのは、この記述のみであると思われる。(9) さらに、オホナムヂが根の堅州国におもむいた際、スサノヲから様々な試練を与えられた。とりわけ火攻めは過酷で、スサノヲ自身、オホナムヂが死んだと思い、葬式の道具を準備させたほどであった。このように、オホナムヂには死に関わる話が多い。

最後は、『古事記』と『日本書紀』の本文および別伝に出てくるアマノワカヒコの記述である。高天原から葦原《あしはら》の中つ国への使者として送り込まれたアマノワカヒコはその命令に背き、葦原の中つ国に居着いてしまった。そのため、タカキからの返し矢によって、射殺されたのである。『古事記』と『日本書紀』では、その葬儀の様子が詳細に記述されている。

そのほかにも、神であるのかどうか理解に苦しむが、アマノワカヒコに射殺されたナキメもこの例に入るかもしれない。以上が神の死に関する事例である。

これらの神は、人間が老いて死ぬように、かぎられた寿命が尽きて、死ぬというわけではない。神の寿命はおそらく無限のものなのであろう。事実、ほとんどの神は、隠れるという形で、永遠に生きつづけていると考えられているのである。その意味では、日本神話の神も不死なるものといってよい。しかし、それと平行する形で、突発的な出来事によって、神もまた死に至るという観念も存在していたのである。

三　神観念の性格的分類

一言で神といっても、日本の神話には実に多種多様な神が表象され、登場している。したがって、それらの神を、その性格的な違いに注目して、分類することが必要といえるであろう。本書では、日本神話に登場する神を、自然神、生物神、文化神、観念神という四つの性格に分類してみた。以下では、その性格の特色と該当する神について具体的に紹介することにしたいと思う。

自然神という性格

第一の性格は自然神である。その名の通り、自然物や自然現象を神格化した神である。山、海、平原などといった、目の前に広がる雄大な自然の風景に接して、人間は畏敬の念に駆られることがある。これは、自然物の生成過程に関してある程度の知識を保持している現代のわたしたちにも十分ありうることであるが、そのような知識を相対的に欠いていた古代人にとっては、その畏敬の念はさらに強いものであったであろう。しかも、この自然物は、人間の生活に深く結びつき、その運命を左右するものであった。したがって、自然に内在する神を慰撫《いぶ》し、その恵みに与ろうという発想が生みだされ、世界の様々な古代信仰において自然物や自然現象が神格化されてきたのである。

そのような状況は日本でもほとんど変わらなかったであろう。古代の日本人もまた無数の自然物を神格化してきたのである。日本の神話に登場している多くの自然神も、古代の日本人による自然信仰の足跡そのものであるといってよいと思われる。以下では、代表的な自然神を紹介することにしよう。

はじめに挙げるのは、イザナキ（『日本書紀』本文ではイザナキとイザナミ）が生んだ「三はしらの貴き子」と呼ばれる特別な神、すなわち、アマテラス、ツクヨミ、スサノヲである。このうち、アマテラスとスサノヲの神格については、実に複雑な背景があり、単純な自然神であると位置づけることはできないが、一応、この三はしらの貴き子を太陽、月、暴風雨という自然物や自然現象の神格化として位置づけることができるであろう。

つぎは海の神オホワタツミである。「オホ」は偉大さを、「ワタ」は海を表し、「ツ」は現代の「の」に相当し、「ミ」は神霊を意味する。第一章の第五節でも触れたように、この神については、海中に宮殿を構え、王《きみ》とも呼ばれているワタツミとの区別が問題になるであろう。通常、海の神とされるが、『古事記』では、自分は水を支配しているとワタツミが述べており、海水、淡水に拘わらず、水全般を支配している神と位置づけられている。なお、このオホワタツミとは別に、イザナキが水でみそぎをおこなった際にも三柱のワタツミが誕生している(10)。

この海の神と対をなしているのが山の神オホヤマツミである。日本の神話でこの神自身が主役になることはないが、スサノヲやホノニニギなどの重要な神々と姻戚関係をもち、のちの天皇家の寿命に関わる話でも大きな役割が与えられている。神話の世界を離れた実際のオホヤマツミ信仰では、山の神という持ち分を超え、海にも進出し、航海の神、水軍の神などとしても信仰されている。オホヤマツミについても、この神とは別に、以下のカグツチの死体から八柱のヤマツミが誕生している。

つぎは火の神カグツチである。この神には多くの異なる名があり、『古事記』では「ヒノヤギハヤヲ」、「ヒノカガビコ」、『日本書紀』別伝（第五段の第三書）では「ホムスヒ」という名が登場する。火は恐ろしい力をもつものであるが、その力ゆえにつねに信仰の対象とされてきたのである。

このほかにも、水門の神ハヤアキツヒコとハヤアキツヒメ、風の神シナツヒコ、木の神ククノチ、野の神ノヅチ、土の神ハニヤスビコとハニヤスビメなど、多くの自然神をあげることができる。日本神話においては、あらゆる自然物や自然現象が神格化されているといっても過言ではない。

生物神という性格

世界の様々な地域において、古より生物（ここでの生物には人間を含ませない）を崇拝する形態が存在していたことが知られている。たとえば、宗教の原初的形態の一つとしてみなされているトーテミズムでは、部族などの社会集団が特定の自然物をその集団の象徴（トーテム）として崇拝するが、そのトーテムとして生物が選ばれる場合が多い。また、中南米に見られるジャガー信仰やヒンドゥー教における牛の神聖視なども生物崇拝の例としてあげることができるであろう。

しかし、日本神話に見られる生物の神格化はそのような生物崇拝とそのまま同列には考えにくいと思われる。というのも、その神格化には、トーテミズムに見られるような社会集団的な側面は見いだされないし、神格化された生物が必ずしも人間を超越した際だった存在として位置づけられているわけではないからである。そのような点からして、日本神話における生物崇拝は、あらゆる自然物や自然現象が無制限に神格化の対象となりうるという日本神話の神観念の特色からして、生物も自然の一部として神格化されるに至ったと考えた方がよいであろう。ただし、生物に関しては、単なる自然物の一部として割り切れない側面もあるので、ここでは一応、自然神とは区別して、生物神という第二の性格として別立てにしたい。そこで、日本神話において、その生物神の代表的な事例として、つぎのようなものがあげられる。

まずは、因幡のシロウサギである。この場合のシロとは文字通り白い毛なのか、あるいは、和邇《わに》に毛皮をむしり取られて丸裸になったのか、二つの解釈がある。『古事記』では、このウサギが今ではウサギ神といわれていると述べている。「今」というのは『古事記』編纂当時のことである。つまり、因幡のシロウサギの話に登場するウサギが今では神として祭られていると述べているのである。この記述からも分かるように、このウサギはおそらく神の使者であったのであろう。神の使者である動物が神と同一視される現象は稲荷《いなり》神におけるキツネなどのように、ほかにも同様の例が存在している。そして、オホナムヂは神の使者であるウサギを助けたために、その神に仕える巫女であったと思われるヤカミヒメを獲得することができたという可能性も考えられなくはないのである。なお、『日本書紀』には、このウサギに関する記述は見いだされない。

つぎは、キサガヒヒメとウムガヒヒメである。いずれも女神で、カムムスヒの子である。オホナムヂがヤカミヒメを獲得したことに怒った兄弟たちがオホナムヂを殺してしまうが、それを生き返らせるために遣わされたのがこの神々である。「キサガヒ」はアカガイを、「ウムガヒ」はハマグリを意味しているとされ、両神とも貝を神格化したものである。その名の通り、キサガヒヒメは貝の殻をきさげ（けずること）、ウムガヒヒメはそれを自らの母乳（母《おも》とウムに音声的な連想があるともいわれる）に溶《と》いて塗ると、オホナムヂは生き返ったのである。この両神も『日本書紀』には登場しない。

つぎは、「サヒモチの神」と呼ばれた和邇である。この和邇は人間が両手を広げた程度の大きさなので、「一尋和邇《ひとひろわに》」とも呼ばれている。ワタツミの宮殿に滞在していたホヲリが地上の世界に帰らなければならなくなったときに、この和邇が一日で地上の世界に送って、戻ってくることができると述べて、送る役をかってでたのである。その通りに送り届けたため、ホヲリが感謝して、所持していた紐《ひも》のついた小さな刀をその和邇の首にかけて与えた。それゆえ、和邇はサヒモチ（「サヒ」は刀を意味する）となったのである。和邇は小刀のように強力な歯をもっているが、そのことの由来がこのような神話として語られているのであろう。なお、『日本書紀』では、数種の別伝にホヲリを送る鰐魚（または鰐）が登場するが、それをサヒモチの神として位置づけている記述はない。

そのほかにも、神として位置づけられているのかどうか判断が難しいナキメ（キジの神格化か）、一説には、シカの神格化とも指摘されているアマノカクなどがあげられるであろう。

文化神という性格

第三の性格は文化神である。これは、人間の周囲に元々存在していた自然物や自然現象、あるいは、生物などを神格化した神とは異なり、人間が生み出した文化との関連で表象された神である。元々存在しているものと人間が生み出したものという形で、一応、両者を区別できるが、その境目が曖昧になるケースも考えられる。たとえば、鉱山の神として知られるカナヤマビコとカナヤマビメの場合、鉱山という自然物を神格化した神とも位置づけられるし、鉄の原料になる鉄鉱石、ひいては、鉄器製造に関する文化神としても位置づけられる。このように、元々は自然物でありながら、それが人間の文化と分かちがたい関係にあるために、文化神として神格化されるというケースもありうるのである。

自然神の場合と同様に、多くの文化現象が神格化の対象になりうるが、以下では、日本神話に登場する代表的な文化神を紹介することにしよう。

人間の生活において食べることは重要な営みであろう。文化神においても、食物に関わる神が大きな割合を占めており、つぎのような食物神が登場している。

まずは、オホゲツヒメ。この神は『古事記』に登場し、イザナキとイザナミの子と位置づけられている。阿波の国も同じ「オホゲツヒメ」という名をもち、その異同が問題になるが、これはおそらくオホゲツヒメが穀物のなかでも特に粟と関係が深かったために、同一視されたものであろう。『古事記』の記述によると、のちにスサノヲに殺され、その死体からイネの種などが生じたという。前述したように、これは食物化生神話であって、食物の由来を説く典型的な神話の形式である。なお、奇妙なことに、殺されたはずのオホゲツヒメは、殺したスサノヲの孫にあたるハヤマトと結婚している。

つぎのトヨウケビメはワクムスヒの神の子で、イザナキとイザナミの孫にあたる。ワクムスヒも食物に関係の深い生産の神で、『日本書紀』別伝（第五段の第二書）には、ワクムスヒのへそのなかに五穀が生じたという記述がある。トヨウケビメの「ウケ」は、「ケ」が食物を、「ウ」がそれを立派なものと形容している。立派な食物とは、日本人の主食コメをもたらすイネを指している。つまり、トヨウケビメはイネに特化した食物神といえるのである。

このトヨウケビメと同様に位置づけられるのが、『古事記』に登場するスサノヲの子であるウカノミタマで、「ウカ」は「ウケ」と同じ意味である。そのほかにも、ホノニニギ、アマノホヒなど、稲穂に関わる神は多く存在している。

以上のように、ほとんどの神は『古事記』に登場しているが、『日本書紀』の別伝（第五段の第十一書）には、ウケモチという食物神が登場する。この神も前述のオホゲツヒメの神話と同様に、ツクヨミによって殺害され、その死体から穀物が生じたという食物化生神話の形式をとっている。

さらに、食物をもたらす農業に関しても、多くの神々が存在している。代表的なものとして、田の神で、スサノヲの妻となったクシナダヒメや、スサノヲの子で、一年の収穫を神格化したオホトシなどがあげられるであろう。スサノヲの子孫には、そのほかにも農業にまつわる神々が多く存在している。それは、農業に欠かせない雨をもたらす嵐と田が結びつくことによって、はじめて地上の世界に作物という実りがもたらされるという発想が背景にあると思われる。

そのほかの文化神として、アマノフキヲ（屋根の神格化）、オホヤビコ（大きな建物の神格化）、アマノコヤネ（託宣をおこなう小屋の神格化）のような住居に関わる神や、交通の手段として登場するアマノトリフネ（船の神格化）などがあり、また、武器としての重要性から、イツノヲハバリやタケミカヅチノヲのような刀剣の神も多く登場している。さらに、オホナムヂを鉱穴の神ととらえ、オホナムヂの国づくりを鉄器文化による国土の支配ととらえる解釈も可能である。

観念神という性格

第四の性格は観念神である。[11] この場合に神格化されるのは、生物を含んだ自然物でも、人間が生み出してきた文化物でもない。いうなれば、物としてこの世界には存在していない観念なのである。このように、神話を生み出した古代人は、単に現象世界の事物だけでなく、目には見えないが、事物を現象させているような原理や人間のもつ思考や感情までをも、神格化の対象としていったのである。

日本神話には多くの観念神が登場しているが、以下では代表的なものを紹介することにしよう。

はじめは、ムスヒの神である。「ムスヒ」という語は、生み出すことを意味する「ムス」と霊的な力を意味する「ヒ」が結びついたもので、生成の霊力を意味している。これは生成された具体的な事物の神格化ではなく、様々なものを生成する力そのものを神格化したものである。『古事記』や『日本書紀』別伝（第一段の第四書）で、神話の最初の部分にこのムスヒの神が登場するのは、そのあとに展開される世界生成の神秘性を表明したものといえるであろう。

『古事記』と『日本書紀』の両方で、このムスヒの神がタカミムスヒとカムムスヒという二柱《ふたはしら》の神として表象されている。なぜムスヒの神が二神なのか、その厳密な理由は不明であるが、『古事記』

に関していえば、タカミムスヒを天上の世界である高天原に密接に関係する神、カムムスヒを地上の世界である葦原の中つ国に密接に関係する神として対比しているような印象を受ける。(12)元々は一つであったムスヒの神が、ある種の意図から、二つに分化したという可能性も想定しうるであろう。

なお、二神のうち、タカミムスヒは高天原の支配者として登場し、とりわけ『日本書紀』本文では、天皇家の先祖である皇祖神として、アマテラスをしのぐような重要な位置づけがなされている。

つぎは、涙を神格化したナキサハメである。この場合の涙を体内から分泌された水分と考えるならば、自然神に近づいてゆくが、涙は悲しみという感情の象徴であり、したがって、ナキサハメも悲しみそのものを神格化した観念神と考えた方がよいであろう。この神は、イザナキが妻イザナミを亡くして、慟哭《どうこく》したときに誕生した神である。泣くという行為は悲しみを表現する行為であるが、古代においては、同時に、大きな泣き声をあげることで、死者の魂をこちらに振り返らせ、ひいては生き返らせようと願う行為でもあったという。(13)そのような思いがナキサハメという神を生み出したものと思われる。なお、この神は『古事記』と『日本書紀』の別伝（第五段の第六書）に登場する。

つぎは、イザナキが水でみそぎをおこなったときに生まれたマガツヒとナホビの神である。マガツヒは、邪悪を意味する「マガ」、連体助詞の「ツ」、霊的な力を意味する「ヒ」が結びついたもので、邪悪な霊力を神格化したものである。ナホビは曲がったものの矯正を意味する「ナホ」と霊的な力を意味する「ヒ」が結びついたもので、邪悪なものを矯正する霊力を神格化したものである。このようにマガツヒとナホビは一対になっている観念であり、水でみそぎをおこなうことで、邪悪の根源であった霊力が神として顕在化し、それと同時に、それを矯正する霊力も神として顕在化したのである。この神も、ナキサハメと同様に、『古事記』と『日本書紀』の別伝（第五段の第六書）に登場する。

つぎは、オモヒカネである。この神はものごとを考えるという思考や知恵を神格化したものであり、典型的な観念神であると指摘することができるであろう。前述のタカミムスヒの子と位置づけられており、アマテラスが天《あま》の石屋《いはや》に籠《こ》もったときの解決策や、葦原の中つ国を平定するための使者の選定など、重要な決定をする際にその力を発揮している。また、ホノニニギに同行し、葦原の中つ国に天くだりしたと記述されている(14)。

そのほかにも、境界にいて、邪悪なものを寄せつけないようにする境界神ツキタツフナト(15)や、アマテラスを天の石屋から力ずくで引きずり出した怪力神アマノタヂカラヲなど、多くの観念神を見いだすことができる。

そのほかの性格

以上のように、表象される神のもつ性格に注目して、自然神、生物神、文化神、観念神という四種類の神を想定し、具体的な事例を交えて紹介した。もちろん、これらの性格は完全に独立したものではなく、ある神が同時に複数の性格を兼ねているということもありうる。たとえば、その典型例としてサルタビコをあげることができる。サルタビコの位置づけについては諸説があるが、『古事記』や『日本書紀』別伝（第九段の第一書）に見られる、世界を照らし出すという描写からすると、太陽の神格化と関係するかもしれない。その場合、自然神ということになるであろう。また、サルタビコの「サル」を神の使いとしてのサルととらえれば、サルの神格化、つまり、生物神といえるかもしれない(16)し、「サルタ」を神のイネの田と解釈すれば、農業に関わる文化神となるであろう。さらに、サルタビコが交通の要所に居座り、先導の役割を果たしているところから、境界神という意味での観念神としてとらえることも可能であろう。つまり、サルタビコは、これまでに紹介したすべての性格をもちうるのである。

したがって、神観念に関する性格づけは、あくまでも神を特色づける要素としてとらえるべきかもしれない。そして、これまでに指摘した以外の性格を想定する余地は十分あるだろう。ここでは、紹介した四種の性格を補う意味で、さらに二つの性格を追加することにしたい。

その一つ目は先祖神である。『古事記』と『日本書紀』には、神を特定の氏族の先祖として位置づける記述がある。これはおそらく、神話編纂時における朝廷の政治的状況を反映したものと考えられる。有力氏族は神話で重要な位置にある神を自らの先祖神に帰したり、あるいは逆に、自らの先祖神を神話で重要な位置にある神に仕立てる工作をしたりしたのであろう。以下では、具体的な事例をいくつかあげてみよう。

まずは、ソコツワタツミ、ナカツワタツミ、ウハツワタツミという三柱のワタツミである。『古事記』や『日本書紀』の別伝(第五段の第六書)では、これらの海の神が、全国の海人《あま》族を統括していた阿曇連《あづみのむらじ》という氏族の先祖神として位置づけられている。これが『古事記』の神話に登場する先祖神の初出である。

つぎに、スサノヲがウケヒをした際に生まれた神々やホノニニギの天くだりに付き従った神々も様々な氏族の先祖神として位置づけられている。それは、スサノヲのウケヒとホノニニギの天くだりが、日本神話において、もっとも注目される部分であったからであろう。

つぎに、アマノホヒとホデリがあげられる。この神々を先祖神とする出雲の国造《くにのみやつこ》や隼人阿多君《あたのきみ》は朝廷に対立しうる存在であった。それらの氏族の先祖神を天皇家の先祖にあたるアマノオシホミミやホヲリの兄弟として位置づけたのである。これは朝廷に対立するものを内部に取り込んでしまうことを意味するであろう。ただし、『古事記』と『日本書紀』は、アマノホヒを裏切り者、ホデリを降伏した者と描写しており、けっして名誉ある地位を与えていないのである。

さらに、『古事記』には出てこないが、『日本書紀』には「皇祖」という表現が出てくる。これは当初、タカミムスヒに用いられていたが、のちにはアマテラスにも用いられている。この「皇祖」という概念は天皇家の先祖神を意味しているのである。

そして二つ目は、神に仕える巫女《みこ》が神として扱われているものである。『古事記』に登場する女神で、「神」や「命」という呼称が付されていない場合、神に仕える巫女そのものが神として扱われているのであるという指摘がある。(17) すべての女神にそのような指摘が当てはまるのか判断しかねるが、そのような性格の神が存在しているとすれば、それを「巫女神」と呼ぶことができるであろう。この巫女神の性格は、神を祭る最高祭主であるがゆえに、神と同一視された天皇の現人神《あらひとがみ》という性格とも共通する点があると思われる。

なお、そのあとの日本宗教史において大きな比重を占めることになる、実在した人間が神として位置づけられる人間神(18)という発想は日本の神話にはまだ登場していないように思われる(19)。

四　天つ神と国つ神

『古事記』と『日本書紀』の神話記述には、神々を二つのグループに分けるものとして、天《あま》つ神と国つ神という分類が登場している。本節では、それぞれの神の特色について考察したいと思う。

天と国

まずここでは、天つ神と国つ神という分類の基盤となっている「天」と「国」という概念について考察することにしよう。

『古事記』と『日本書紀』の冒頭にある世界起源神話を見ると、ほとんどの伝承において、天と地が対比されている。天と地は、天が上方、地が下方というように、位置的な上下の関係を認めることができる。『日本書紀』本文の記述によれば、この両者が徐々に分離するという形で、この世界が成り立っていったと説明されている。

ところが、ここに「国」という新たな概念が導入される。国とは国土のことであり、『日本書紀』

本文では「洲壌」と書いて、「くにつち」と読ませている。つまり、国というのは地面をともなった世界のことを意味しているのであろう。もっとも、第一章の第二節で触れたように、高天原にも山や田畑が広がっている地面が存在しているので、国であるという条件を満たしており、実際に『古事記』で「国」と呼んでいる場合もある。[20] しかし、『古事記』と『日本書紀』の冒頭に登場する国は、そのような天に属する国ではなく、のちに「葦原の中つ国」と呼ばれるようになった地に属する国のことを意味していると思われる。それを証明する具体例を示しておこう。

まず『古事記』の記述では、「国が未成熟で、浮いている油のようで、クラゲのように漂っている」と述べており、さらに、それを「この漂へる国」と承けて、天つ神がその基礎固めをイザナキとイザナキに命じている。それが大八嶋国《おほやしまぐに》を中心とする日本の国土となるのである。したがって、コンテキストからいって、「この漂える国」を高天原ととらえる余地はないであろう。

つぎに、『日本書紀』本文では、天と地が分離したとき、地の側は前述した洲壌が漂っている状態であったが、イザナキとイザナミが天の浮き橋から下を眺めて、「下方にどうして国がないことがあろうか。いや国はあるはずだ」と述べ、国生みをはじめる。ここでも、国はあくまでも地上の世界の国を指しているのである。

この国の誕生と密接に関係するのが、クニノトコタチという神である。「トコ」は「常」という漢字が当てられ、「永久」という意味をもつが、一説によると、[21]「トコ」は本来「土台」を意味しているという。タチは「立ち」であるが、これも一説によると、現在の「立っている」という意味よりは、

「夕立」などの表現に見られるように、「現れる」という意味をもっているという。それにしたがうならば、クニノトコタチとは、国の土台が現れるということ、ひいては、国が永遠に存在しつづけることを象徴する神であるといえるのである。『日本書紀』本文では、このクニノトコタチを最初に登場した神として位置づけているが、それは、日本の歴史を示すべく編纂された『日本書紀』の編纂者にとって、クニノトコタチこそ日本国誕生の原点として意識されていたからであろう。

以上のように、日本の神話において、天と地の分離という形で成立するようになった世界は、やがて、天と地、そして、地に取って代わった国という対比において語られることになる。それがのちには高天原と葦原の中つ国という二つの世界として認識されるようになるのである。「天つ神」と「国つ神」という概念の成立は、このような世界の認識が神という存在にまで及ぼされたものととらえてよいであろう。(22)

天つ神に関する記述

ここでは、『古事記』と『日本書紀』から、天つ神に関する主な記述を紹介し、その特色について考察することにしよう。

まずは、『古事記』において最初に登場する別天つ神という神々である。『日本書紀』の場合、本文と別伝のいずれにおいても、「別天つ神」という表現は見いだされないので、「別天つ神」というのは『古事記』独自の概念といえる。別天つ神とは、その名の通り、天つ神のなかでも特別な神という意味である。ところで、この「別天つ神」という概念が成り立つためには、当然、それに先行して、「天つ神」という概念が存在している必要があるであろう。さらにいえば、天つ神とは、神について、天に属する神という形で限定しているものなので、「天つ神」という概念が成り立つためには、天とは異なるところに属している神が存在しているということが前提になっているであろう。それがやがて「国つ神」という概念で登場するのである。

つぎは、イザナキとイザナミに国土の基礎固めを命じる天つ神である。これは『古事記』と『日本書紀』別伝（第四段の第一書）に出てくるもので、『日本書紀』本文には登場しない。この天つ神がいったいどのような神なのか、単独なのか、複数なのか、まったく不明である。ただし、『古事記』の記述に基づけば、イザナキ、イザナミ以前に登場する天つ神は別天つ神という五柱《いつはしら》の神々とイザナキとイザナミの直前までの神世七代の神々（六代まで合計十柱）しか存在しておらず、ごく自然に考えれば、それらの神々がここに登場する天つ神の有力な候補者といえるであろう。この天つ神は、国生みで行き詰まったイザナキとイザナミに助言も与えており、その描写の仕方からして、明らかにイザナキとイザナキよりも格の高い神であることが推測される。

つぎは、高天原の神が葦原の中つ国を支配しようと交渉する際に登場する天つ神である。この場合の天つ神は、コンテキストから見て、高天原の指導者的な存在であったアマテラスとタカミムスヒを指していると思われる。ただし、『古事記』や『日本書紀』別伝とは異なって、『日本書紀』本文では、タカミムスヒが単独で高天原の指導者として描写され、アマテラスはまったく登場しないので、「天つ神」という表現で、事実上、タカミムスヒのことを語っている場合が多いのである。

そして、ホノニニギの天くだりとそれ以降の神話に登場するのが、『古事記』に見いだされる①「天つ神の御子」、『日本書紀』の複数の別伝に見いだされる②「天つ神の子《みこ》」、③「天つ神の孫《みま》」、④「天つ神の胤《みこ》」という表現である。『日本書紀』本文にこれらの表現は見いだされない。(23)

まず①「天つ神の御子」は、そのコンテキストから判断して、アマテラスの子であるアマノオシホミミ、アマノオシホミミの子であるホノニニギ、ホノニニギの子、ホヲリの子であるウカヤフキアヘズのいずれかを意味している。②の「天つ神の子」はホノニニギ、または、ホノニニギの子を意味している。③の「天つ神の孫」は、ホノニニギの子であるホホデミ（『古事記』のホヲリに相当する）を意味している。そして、④の「天つ神の胤」はホノニニギの子を意味している。

同じ表現が父や子や孫のいずれをも表しうるということは、「天つ神」という概念が幅をもっていたからであろう。アマテラス、アマノオシホミミ、ホノニニギのいずれもが天つ神であり、それゆえ、その子孫たちが「天つ神の御子」や「天つ神の孫」などと呼ばれるのである。

このように、「天つ神」という概念は、当初は高天原の神々を指していたと思われるが、やがて高天原の指導者であるアマテラスとタカミムスヒ、そして、その子孫に集中的に用いられるようになったといえる。ただし、これは、アマテラスとタカミムスヒが高天原を代表する神として、つねに神話記述の前面に出ていたからであって、それ以外の神、たとえば、カムムスヒの神などを天つ神ととらえることをけっして妨げるものではないと思われる。(24)

国つ神に関する記述

ここでは、天つ神の場合と同様に、『古事記』と『日本書紀』から、国つ神に関する主な記述を紹介し、その特色について考察することにしよう。

まずは、『古事記』と『日本書紀』本文で「国つ神」という表現をともなって登場する最初の神アシナヅチである。このアシナヅチには八人の娘（その娘を女神としてとらえるならば、八柱の女神）がいたが、毎年やってくるヤマタノヲロチに一人ずつ食べられてしまい、クシナダヒメのみを残すだけになってしまった。そこに現れたのがスサノヲであり、クシナダヒメとの結婚を約束させ、ヤマタノヲロチを退治するのである。アシナヅチは、はじめは正体不明のスサノヲと娘との結婚をためらっていたが、アマテラスの弟であると聞いて、敬意をはらい、娘との結婚を認めた。そして、スサノヲがヤマタノヲロチを退治したあと、スサノヲが築いた宮殿の長官にもなった。断片的な記述ではあるが、アシナヅチが、スサノヲがアマテラスの弟と知って、敬意をはらい、やがてその臣下になったという点からして、国つ神であるアシナヅチが高天原の権威を認めていたことが推測される。

つぎの記述は、葦原の中つ国の統治者として天くだりさせたアマノオシホミミが逆戻りしてしまったときに、タカミムスヒとアマテラスがおこなった国つ神に対する発言で、「暴威をふるう、荒々しい国つ神」というものである。『日本書紀』本文でも、「国つ神」という表現こそ登場しないが、葦原の中つ国に住んでいる神を「さ蝿《ばえ》なす邪《あ》しき神」と述べており、さらに、タカミムスヒは「邪しき鬼《もの》」と呼んでいる[25]。これらの発言は、高天原の神々にとって、国つ神がどのようにイメージされているかを端的に示しているように思われる。つまり、葦原の中つ国に住む神は、騒がしく、荒々しく、邪悪な存在として位置づけられているのである。このように、あたかも異質な未開人を見るかのような敵対的な目で見るのが、天つ神の国つ神に対する見方の中心になっている。

それに対して、国つ神の方はどうであろうか。『古事記』で国つ神として位置づけられているサルタビコの場合も、アシナヅチと同様に、高天原の神に対して友好的であり、それどころか、敬意の念さえ示している。サルタビコは天つ神の御子が天くだると聞いて、その先導役のつとめを果たすため、わざわざ出迎えて待っていた。目が真っ赤に光り、鼻が伸びているその異様な姿は脅威の念をいだかせるのに十分であったが、サルタビコに敵対の意図はなかったのである。

従来、指摘されていることであるが、国つ神は、天つ神がいうほどに荒々しい存在ではなく、むしろ高天原の神に対して従順でさえある。たとえば、国つ神を代表するオホクニヌシでさえも、武力に訴えて、葦原の中つ国を支配しようとする高天原の神に対して、敵意をもっているように感じられない。オホクニヌシは、武力によって降伏を迫るタケミカヅチノヲに対して、いわば時の流れという諦念とともに、自分を宗教的権威として祭ることを交換条件に潔く身を引く。両者のどちらが文化的な存在であるかはあえて問うまでもないであろう。

このように、国つ神を荒々しく、邪悪な存在として敵視し、武力攻撃をも辞さないとする天つ神に対して、国つ神は、高天原に対して従順であり、葦原の中つ国を譲り渡した。もちろん、このような展開は、『古事記』と『日本書紀』のいずれもが天つ神の側に立場を置いているので、当然、国つ神が反抗する様子を積極的に記述しなかったという可能性もあるが、国つ神には、『古事記』や『日本書紀』が指摘するような邪悪さは具体的に見いだされないのである。

国つ神に関する言及は断片的なものなので、その実像を計りかねる部分もあるが、国つ神に関する言及はすべて葦原の中つ国に住んでいる神について述べているものなので、国つ神は、高天原とは異なる葦原の中つ国という世界に住んでいる神を指していると考えてよいであろう。

第三章　スサノヲのウケヒをめぐる諸伝承

『古事記』と『日本書紀』には共通する神話が多く見いだされるが、その具体的な内容となると、実に様々な違いが見いだされる。また、『日本書紀』自体においても、本文と「一書《あるふみ》」と呼ばれる別伝が並列して載せられている。つまり、同じ神話についても、様々な伝承があり、各々の伝承において記述内容が大きく異なっている場合があるのである。本章では、その典型的な例として、スサノヲがアマテラスとのあいだでおこなったウケヒを取り上げ、このウケヒをめぐる『古事記』と『日本書紀』の様々な伝承の違いとその意義について考察することにしたい。

一　ウケヒとは

呪術としてのウケヒ

古代の日本では様々な呪術が営まれていたと考えられるが[1]、ウケヒもそのような呪術の一つとして位置づけられる。

ウケヒは『古事記』では「宇気比《うけひ》」、『日本書紀』では「誓約《うけひ》」、「誓《うけ》ひ」などと表記されて登場している。そもそも「ウケヒ」という語は「うけふ」という動詞から派生したものである。この「うけふ」には様々な意味があるが、特にこの場合、神の存在を意識して宣言することを意味していると思われる。その具体例については後述することにして、まずここでは、ウケヒの基本的な特色について考察しておきたい。

ウケヒはことばによる宣言を必要としている。その意味で、呪詞を唱えることでおこなわれる言語呪術としての性格を強くもっているといえるであろう。この宣言の内容は「Aならばaである」、「Bならばbである」という条件文で示され、通常、AとB、aとbは反対か矛盾の関係にあって、どちらかを必ず選択することになる。ただし、「Aならばaである」という一番目の条件文だけで、「Bならばbである」という二番目の条件文を欠いていても、一番目の条件文から二番目の条件文は類推されるので、一方の条件文が省略されている場合もある。

ウケヒの特色は、このような宣言をしておいて、AであるかBであるかの判断を、Aに結びついているaか、Bに結びついているbかのどちらかを選択させる形で、神に委ねるという点にある。AとBにはある者（大抵は宣言する者）の言動の可否や正邪が入る場合が多い。たとえば、「今のわたしの行動が正しければ、明日は晴れるであろう」、「今のわたしの行動が正しくなければ、明日は雨が降るであろう」と宣言して、晴れたとすれば、それは神がそのような選択をしたのであって、したがって、わたしの行動が正しいと神が判断したことになるのである。

もちろん晴れるかどうかは偶然であって、雨がしばらく続いたので、そのあと、たまたま晴れたにすぎないと解釈することもできるだろう。しかし、そのような解釈はウケヒのルールを根本から覆すことを意味するだろう。ウケヒとは、aとbのどちらになるかという結果に基づいて、神の判断がAとBのどちらにあるのかを占うものである。したがって、その結果を神の意志の表れとして受け入れることが前提なのであり、それを拒絶するならば、そもそもウケヒは成り立たない。その意味で、ウケヒは神の意志を「受け」とることにも通じると考えられるのである(2)。

『古事記』と『日本書紀』におけるウケヒの具体例

『古事記』と『日本書紀』を見るならば、実際にウケヒをおこなっている記述をかなり多く見いだすことができる。ここでは、本章のテーマになっているスサノヲの場合は除き、ウケヒの具体例を三つ紹介したい。

最初の例は、『古事記』と『日本書紀』に出てくる、コノハナノサクヤビメが出産する際におこなったウケヒである。コノハナノサクヤビメは、天《あま》つ神の子孫で葦原《あしはら》の中つ国に天くだりしてきたホノニニギと結婚し、一夜にして妊娠したが、ホノニニギはその子が本当に自分の子であるのか疑った。そこで、その疑いを晴らすため、コノハナノサクヤビメがおこなったのがウケヒに基づく出産である。その際におこなった宣言はつぎのようなものであった。

わたしが妊娠した子が国つ神の子であるならば、無事には生まれないであろう。

わたしが妊娠した子が天つ神の子であるならば、無事に生まれるであろう。

コノハナノサクヤビメは、そのウケヒを完全なものとするために、これでもかといわんばかりに、出入り口のない産屋《うぶや》をたて、その産屋のすきまがなくなるよう土で完全に塗りかため、さらに火までつけるという過酷な状況で出産に臨んだのであった。そして、三柱《みはしら》の子が次々無事に生まれ、天つ神の子であることが証明されたのである。

つぎは、『日本書紀』に出てくる、神武《じんむ》天皇の家臣シヒネツヒコ(3)がおこなったウケヒである。神武天皇は東に進軍していたが、現在の奈良付近で多くの敵に囲まれ、膠着《こうちゃく》状態におちいっていた。そのとき、神武天皇は夢のなかで天つ神のお告げを受け、天《あま》の香具《かぐ》山の土を使って瓶を作り、神々を祭るように命じられたのである。ところが、天の香具山に至る道は敵軍によってふさがれていて、たどり着くことができなかった。そこで、天の香具山の土を持ち帰る役目を命じられていたシヒネツヒコがウケヒをおこなったのである。その宣言はつぎのようなものであった。

主君がこの国を平定できるのであれば、わたしはこの道を通りぬけることができるであろう。主君がこの国を平定できないのであれば、わたしはこの道を通りぬけることができないであろう。

老人の姿に変装したことも功を奏して、シヒネツヒコは道をなんとか通り抜け、天の香具山の土を無事に持ち帰ることができたのである。

最後は、『古事記』に出てくる、垂仁《すいにん》天皇の命令で出雲に向かうことになった曙立王《あけたつのみこ》(4)がおこなったウケヒである。垂仁天皇の皇子ホムツワケは生まれてから大きくなるまでことばを話すことができなかったが、夢のお告げと太占《ふとまに》という呪術で占うことによって、それが出雲の大神、すなわち、オホクニヌシの祟りによるものであると分かった。そこで、オホクニヌシを祭る神殿に皇子を参拝させようとして、随伴者に選ばれた者が曙立王であった。彼は出雲に出発する前にウケヒをおこなったのである。その宣言はつぎのようなものであった。

出雲の大神を参拝して霊験《れいげん》があるならば、木に住んでいるそのサギは下に落ちるであろう。出雲の大神を参拝して霊験がないならば、木に住んでいるそのサギは下に落ちないであろう。

サギは地面に落ちて死んでしまった。しかし、同様に「そのサギは活きよ」という内容に変えたウケヒをおこなうと、今度はサギが生き返ったのである。曙立王は霊験があるということを確信し、実際その通りに、オホクニヌシを祭る神殿に参拝して帰る途中、皇子はことばを話せるようになったのであった。

ここでは、標準的な形のものを選んで紹介したが、実際には、ウケヒと位置づけられていても、変則的な形になっているもの(5)や、形式としてはウケヒに近いが、「詛《とご》ふ」、「呪《ほ》く」などと呼ばれて、ウケヒとは区別されているものもあるし(6)、さらに、ウケヒに関連する営みも存在している(7)。

二　『古事記』におけるスサノヲのウケヒ

本節では、『古事記』においてスサノヲのウケヒがおこなわれるに至った経緯とそのウケヒの具体的な内容がどのように描かれているのか考察したい。

スサノヲの誕生とその位置づけ

黄泉《よも》つ国に行ったことで、イザナキには死にまつわるけがれが付着してしまった。そこで、川に行き、その流れのなかで、そのけがれを洗い落とそうとした。これをみそぎ祓《はら》へという。このみそぎ祓いによって身を清めたイザナキから新たな神々が生まれた。すなわち、左目からアマテラス、右目からツクヨミ、そして、鼻からはスサノヲが生まれたのである。イザナキはこれらの神々を、これまでの神々とは違って、世界を統治するにふさわしい存在と感じ、その誕生を喜んだ。『古事記』では、これらの神を「三はしらの貴き子」と呼んでいる。

イザナキは、アマテラス、ツクヨミ、スサノヲの各々に、高天原《たかあまはら》、夜の食国《をすくに》、海原《うなはら》を統治するように命じた。そのなかの「夜の食国」という世界が具体的にどういうものなのかはっきりしない。というのも、『古事記』において、ツクヨミに対する言及はこの一回にかぎられていて、その内容を追求する手だてがないからである。しかしながら、左右の目からそれぞれが誕生したと説明されているように、アマテラスとツクヨミは対をなした存在とみなされており、かつ、アマテラスは太陽を、ツクヨミは月を象徴しているという点からして、夜の食国とは、高天原を昼夜に分けたうちの夜の世界に相当すると考えることができるであろう。

一方、スサノヲは海原の統治を任せられているが、『古事記』には、イザナキがこの海原のことを

「国」と呼んでいる記述がある。したがって、海原は単に陸に付随するだけのものではなく、いわば、陸とは別の秩序で成り立っている独自の世界であると考えることが可能であろう。だからこそ、統治者が必要なのである。

なお、スサノヲの統治については、『日本書紀』の本文と複数の別伝のあいだに様々な違いが見いだされる。すなわち、一方では、スサノヲが統治を委せられているのは、海原ではなく、「根の国」や「天下《あまのした》」（これはのちに「葦原の中つ国」と呼ばれる地上の世界を意味している可能性がある）であるという記述があるが、他方では、そもそもスサノヲは性格が邪悪で、荒々しかったため、統治者としての資質がないとして、根の国に追い払われたとする記述もあって、大きな違いを示しているのである。

スサノヲは海原の統治を任せられたが、その役目をまったく果たさなかった。スサノヲはひたすら泣きつづけ、とどろくようなその泣き声が青々とした山の木を枯らし、川や海の水を乾かしてしまったのである。泣いている理由をイザナキが問うと、妣《はは》の国[8]である根の堅州《かたす》国に行きたくて、泣いているのであると答えた。根の堅州国というのは、根の部分にある堅い国を意味するともいわれている。この根の堅州国については、「根」という概念をどうとらえるかが問題になるが、根っことととらえるならば、地の底にある国ということになるだろうし、根幹的なものという程度にとらえるならば、必ずしも地の底に限定する必要もないであろう。

さて、母を慕うスサノヲの嘆きを聞いたイザナキは、それに同情するどころか、逆に激怒し、それならば、この国[9]に住んではならないと述べ、スサノヲを追放してしまう。ここに、スサノヲの流浪の旅が始まるのであった。

スサノヲの昇天とアマテラスの対応

スサノヲは根の堅州国におもむく前に、アマテラスにその事情を話そうとして高天原に昇ろうとする。『古事記』の記述を見るかぎり、スサノヲはあくまでもアマテラスに暇乞《いとまご》いをしようとしているようにも理解される。しかし、スサノヲの神としての威力を讃える「タケハヤスサノヲ」（「勇ましく、すさまじい勢いで突き進む男」という意味）という名にも示されているように、スサノヲが高天原に向かう様子は、さながら台風と大地震が一挙に襲ってくるようなもので、国土全体が途方もない暴風雨と震動にさらされていったのである。

そのような恐ろしい事態が刻々と高天原に近づきつつあるのを感じ取ったアマテラスはそれを、スサノヲが邪悪な心を起こして、高天原を奪い取ろうとする企みによるものであると考えた。そこで、そうはさせまいとして、スサノヲと対決するための準備をすることになるのである。

最初に髪を解いて、角髪《みづら》という男子の髪型にしたという記述があるので、アマテラスが男装したと推測される。したがって、『古事記』においては、アマテラスが女神として位置づけられているといってよいであろう[10]。そして、おそらく自らの呪術的な力を高めるためだと思われるが、左右の角髪や髪飾りや左右の手に、たくさんの曲玉《まがたま》[11]を細いひもで通した装飾品を取りつけた。さらに、矢を入れるための大きな靫《ゆぎ》を背や脇腹につけ、威力のある竹鞆《たかとも》を手首に取り付けた。鞆は弦が弓の持ち手にあたるのを防ぐカバーのようなものであり、「竹」とあるのは、竹でできているということであろう。「高鞆」と表記されることもあるが、その場合、弦がこのカバーにあたって高い音が出るという点を特に強調しているものと思われる。

アマテラスは以上のような装備を身にまとい、弓を構えて臨戦態勢をとり、地面を踏みしめたり、土を蹴散《けち》らしたりして、集中力と闘争心を高めながら、近づいてくるスサノヲに対して「なぜ来たのか」と声をかけた。これは来訪した理由を純然と聞くような発言とは到底思えない。なぜなら、アマテラスは今にも矢を射かけるような姿勢でこのような発言をしているからである。これは、「来るべき必要がないのに、なぜ来たのか」という、来訪を非難する発言としてとらえるべきであろう。アマテラスとスサノヲは姉と弟として位置づけられているのであるが、この発言には、そのような肉親的な親しみを感じることはできない。少なくともアマテラスの側から見れば、これは高天原の統治権をめぐる利害関係の衝突なのであった。

それに対して、スサノヲは根の堅州国におもむくことになった経緯を説明し、姉に暇乞いをするために来たのであると述べる。そして、高天原を奪い取ろうとするような邪悪な心はもっていないことを強調した。しかし、アマテラスはこのような説明を信じようとしなかった。それは、スサノヲがやってくるだけで引き起こされる激しい暴風雨と震動への恐怖もさることながら、そのあとに続く、ウケヒをおこなうこと、スサノヲが高天原で悪行のかぎりをつくすことの伏線となっているからでもあろう。そこで、スサノヲに邪悪な心がない証《あか》しを求めたのであった。

『古事記』の記述を見るかぎり、スサノヲが国土を破壊するかのようなすごい勢いで迫ってきたとはいえ、アマテラスは当初から弟を敵視し、まったく信用しようとはしていない。アマテラスは猜疑《さいぎ》心の強い存在であったのであろうか。それとも、姉と弟と位置づけられているのは表面上のことで、実際には、各々が敵対する勢力を象徴し、それが神話にも反映されているのであろうか。いずれにせよ、以上の経緯から、スサノヲに邪悪な心がない証しを示すという理由で、スサノヲのウケヒがおこなわれることになるのである。

ウケヒの概要

ここでは、スサノヲがおこなったウケヒについて具体的に検討したいが、手順として、はじめにウケヒに関わる一連のできごとの概要を示し、それに続いて、それらの特色について考察するという形をとりたいと思う。

まずは、ウケヒに関わる一連のできごとの概要を示すことにしよう。スサノヲはウケヒをして、子を生もうと提案する。ここでは、子を生もうといっているだけで、ウケヒの具体的な内容が明示されているわけではない。そして、高天原にある天の安《やす》の河という川をはさんで、アマテラスとスサノヲの双方が子を生み合うということになるのである。しかし、その生み方は、男性と女性のあいだで出産という形でおこなわれるものではなく、お互いが、相手の所持品を材料にして、子を生み合うという形でおこなわれるものであった。そのような生み方は他に例をみない特異なものである。

最初に、アマテラスが子を生んだ。どのようにして生んだかというと、スサノヲが身に付けていた大きな剣(12)を受け取り、それを三つに分割して、天の真名井《まなゐ》という泉にある神聖な水で洗い清め、口に含んで嚙み、息吹として吐き出すという形でおこなわれた。すると、その息吹が霧に変じて、そのなかから、タキリビメ(オキツシマヒメともいう)、イチキシマヒメ(サヨリビメともいう)、タキツヒメという三柱の女神が生まれたのである。これらの女神はいわゆる「宗像《むなかた》の三女神」のことであり、奥津《おきつ》宮《みや》、中津宮《なかつみや》、辺津宮《へつみや》という三つの宮からなる宗像大社に祭られて、現在に至っている神々である。(13)『古事記』では、この神々を重要視しており、(14)住吉大社の三神と同様に、「三前《みまえ》の大神」という尊称を与えているのである。

これに対して、スサノヲも同じような形で子を生んだ。すなわち、アマテラスの身に付けていた曲玉の装飾品(前述のように、これは左右の角髪、髪飾り、左右の手という五ヶ所につけられていた)を受け取り、神聖な水で洗い清め、口に含んで嚙み、息吹として吐き出した。すると、その息吹が霧に変じ、そのなかから、マサカツアカツカチハヤヒアマノオシホミミ(以下では、「アマノオシホミミ」と略称する)、アマノホヒ、アマツヒコネ、イクツヒコネ、クマノクスビという五柱《いつはしら》の男神が生まれたのである。この神々のなかでも、特にアマノオシホミミとその弟として位置づけられるアマノホヒは重要である。前者のアマノオシホミミはアマテラスから地上の世界の統治者として天くだりを命じられた神で、最終的には、自分自身ではなく、その子のホノニニギが地上の世界の統治者となり、その子孫がのちの天皇家になっている。後者のアマノホヒは、朝廷とは一線を画して独自の宗教的権威を保持していた出雲の国造《くにのみやつこ》の先祖神として位置づけられている神である。

ところがそのすぐあとに、アマテラスは、生まれた子について、生まれる際に材料となったものざねの所持者が親であるという原則を宣言した。したがって、実際に三柱の女神を生んだのはアマテラスであったのに、生まれる際のものざねである剣がスサノヲの所持品であったため、三柱の女神はスサノヲの子と位置づけられ、同様に、実際に五柱の男神を生んだのはスサノヲであったが、生まれる際のものざねである曲玉の装飾品がアマテラスの所持品であったために、五柱の男神はアマテラスの子と位置づけられるのである。

そして、これを踏まえて、ウケヒの結果が明らかにされる。すなわち、スサノヲはアマテラスに「わたしの心は清らかである。だからこそ、生まれた子が女子だったのである。これによって、当然、わたしが勝ったことになる」と語ったのである。生まれた子が女子であることから、わたしに邪悪な心がないことが証明されたと宣言したのである。しかし、スサノヲは、自分に邪悪な心がないことが証明されたというだけにとどまろうとせず、そのことが、アマテラスに対して自分が勝ったことを意味すると理解するのである。

ウケヒの特色

つぎに、このウケヒの記述に見いだされる特色について指摘したい。それらは以下に示す五点にまとめられるであろう。

第一は、アマテラスもウケヒという行為に参加している点である。スサノヲの潔白を証明するだけであるならば、スサノヲだけがウケヒをおこなえばよいはずである。ところが、アマテラスも同じようにおこない、子を生むのである。そのことは、このウケヒに関する記述が単にスサノヲの潔白を証明するだけではなく、それ以外の意図をもっているという可能性を示しているであろう。これは『古事記』だけでなく、『日本書紀』にも当てはまることである。

第二は、スサノヲがおこなったウケヒの宣言内容が明示されていない点である。ウケヒにおいて宣言は不可欠であり、それが明示されていないのは実に不自然なように思われる。ただし、最後にスサノヲが「わたしの心は清らかである。だからこそ、生まれた子が女子だったのである」と語っている点から、スサノヲがおこなったウケヒの宣言内容が「女子が生まれるならば、わたしの心は清らかである」と「男子が生まれるならば、わたしの心はやましい」であったということは推測されるであろう。しかし、このように、ウケヒの宣言内容が容易に推測されるにもかかわらず、それが明示されていないのはなんらかの意図によるものなのか、それとも、自明であるから、省略しただけのものなのか、それを特定することはできない。[15]

第三は、子が異常な生まれ方をしている点である。姉と弟のあいだで子を生むという提案自体がそもそも異常なことであるが、それに加えて、二神を両親にして子が生まれる通常の出産ではなく、それぞれが相手の所持品をものざねにして生み合うという独特な形をとっている。アマテラスだけでなく、男性のスサノヲも自分で子を生むのである。もっとも、イザナキが妻イザナミを失ったあと、自分で子を生んだという記述もあるので、(16)それ自体は神話の世界で普通にありうるものであろうが、相手の所持品をものざねにして生み合うというのは、筆者の知るかぎり、類例を見いだせない。なぜそのような生み方をするのかは、生まれた子をどう位置づけるかという問題と関わっていると思われる。この点については、第四節であらためて触れることにしよう。

第四は、アマテラスが宣言した、子を生む際のものざねの所持者が親であるという親子関係決定の原則である。子の生まれ方も異常であったが、親子関係も異常なものとなっている。この宣言によって、実際に生んだという意味での親子関係と、原則上の親子関係という二つの親子関係が成立し、ここでは、原則上の親子関係が優越することになる。これはアマテラスの一方的な宣言ともいえるが、なんの異議も唱えていないスサノヲもこの原則を受け入れていることになるであろう。その結果、生まれた男神や女神との親子関係は変化することになるのである。

最後の第五は、ウケヒの結果のとらえ方である。ウケヒの宣言内容ははじめに明示されてはいなかったが、前述したスサノヲの発言から、女子が生まれたことで、スサノヲに邪悪な心がないという証しがたてられたことになる。したがって、『古事記』は、女子が生まれることと邪悪な心がないこととを結びつける立場をとっているといえるであろう。そして、通常であれば、これによってウケヒは終わる。ところが、スサノヲはそれにとどまらず、自分が勝ったと宣言するのである。このウケヒは、話の筋から見ても、スサノヲに邪悪な心がないことを占うものであった。もっとも、ウケヒの宣言内容が明示されていないので、実は「女子が生まれるならば、わたしの勝ちである」などという宣言があった可能性も完全に否定できないが、その可能性は低いであろう。そして、身の証しを立てることが、勝ち負けの問題にすりかえられてしまうのである。『古事記』では、自分こそ勝者であるというスサノヲの傲《おご》り高ぶった意識が自らを悪行へと走らせる契機になったととらえているのである。

三　スサノヲのウケヒに関する異なる伝承

本節では、スサノヲのウケヒに関して、『古事記』とは異なる伝承、具体的にいうならば、『日本書紀』の本文と四種類ある別伝の記述を検討し、各伝承の相違について考察したい。それによって、ウケヒに関わる伝承が実に多種多様な形で展開されているということが分かるであろう。

『日本書紀』本文の記述

『日本書紀』「神代」にある本文は第一段から第十一段までの十一の段に分けられているが、スサノヲのウケヒを扱っている部分は第六段に当たる。この第六段に先立つ第五段では、スサノヲの誕生に関する記述が見出されるが、それによると、スサノヲは生まれつき荒々しく、残忍な性格であったため、両親から統治者の資質がないと見かぎられ、根の国に追い払われることになっている。

『古事記』では、スサノヲが根の堅州国に行く理由を、亡くなった母イザナミに会いたがっていた点に帰しているが、『日本書紀』本文では、そもそもイザナミは亡くなっておらず、スサノヲが根の国に行く理由も、厄介者であったため、追い払ったという点に帰していて、著しく相違している。

スサノヲは別れを告げるために、アマテラスがいる高天原に向かう。ところが、荒々しい性格ゆえに、海はとどろき、山は鳴り響いた。それに驚いたアマテラスは、スサノヲに高天原を乗っ取ろうとする邪悪な心があるのではないかと疑い、厳《いか》めしい武装をして、臨戦態勢で待ちかまえる。(17)この点は『古事記』の記述と一致している。

それに対して、スサノヲは、自分に邪悪な心はなく、姉を慕ってわざわざ会いに来たのであると訴えるが、信じてもらえなかったので、ウケヒの実行を提案する。このウケヒでは、子を生み合うが、「生まれた子が女子であれば、きたない心がある」、「生まれた子が男子であれば、きれいな心がある」というウケヒの宣言内容がはっきりと示されている。この点は、ウケヒの宣言内容を明示せず、女子が生まれたので潔白であると述べている『古事記』の記述とは大きな違いを見せている。

子の生み方と親子関係の決定は『古事記』の場合と同じである。まず子の生み方については、双方が相手の所持品をものざねにして生み合う形をとっている。すなわち、アマテラスはスサノヲがもっていた剣に基づいて、タコリヒメ、タギツヒメ、イツキシマヒメという三柱の女神を生み、スサノヲはアマテラスがもっていた曲玉の装飾品に基づいて、アマノオシホミミ、アマノホヒ、アマツヒコネ、イクツヒコネ、クマノノクスビという五柱の男神を生んでいる。つぎに親子関係の決定については、アマテラスが、子を生む際のものざねの所持者がその親であるという原則を示している。したがって、アマテラスが生んだ三柱の女神はスサノヲの子となり、スサノヲが生んだ五柱の男神はアマテラスの子となって、生まれた子は交換されることになるのである。

『日本書紀』本文におけるウケヒの記述はここまでで終わっているが、前述の宣言内容に照らし合わせるならば、男子を生んだスサノヲには、高天原を奪おうとする邪悪な心がなかったということが、神意によって占われたことになるのである。スサノヲはそのあと、高天原において、のちに「天つ罪」[18]と称されるような様々な悪行を犯してゆくことになるが、それは、『古事記』が説明しているような自己の勝利に酔う傲り高ぶった意識から出た可能性もあるが、スサノヲの邪悪な性格が顕在化したものとして位置づけられているのである。

『日本書紀』別伝①の記述

これは『日本書紀』第六段で第一書として出てくる伝承である。この伝承では、「日の神」という名が登場するだけで、「アマテラス」という名は出てこない。しかし、この日の神が太陽神であり、かつ、スサノヲの姉と位置づけられている点からして、アマテラスと同一視することに問題はないであろう[19]。この日の神は、スサノヲが乱暴で、勝ち気な性格であることを知っていて、高天原にやってくるのも、その領地を奪い取ろうとする企てがあるものと考え、武装して待ちかまえる。

この伝承でまず注目されるのは、この日の神が大きな剣を三本も身に付けているという点である。それはあとで生まれる女神が三柱であるということと対応しているのであるが、さらに、矢を入れる靫を背負い、弓矢までもっているというのであるから、容易には想像しがたい装いになっているように思われる。

日の神は、姉に会いに来ただけであるというスサノヲのことばを信じなかった。そして、自らの発案によって、スサノヲの潔白を占うため、ウケヒの実行を提案している。そのウケヒにおける宣言とは「あなたの心が清く、わたしの国を奪い取る野心がないならば、あなたが生む子は必ず男子であろう」というものである。この宣言では、男子の出生についてのみ述べている点が注目される。もっとも、心が清らかであれば、男子が生まれるといっているのだから、あえて明示しなくても、女子が生まれれば、心が清らかでないことが含意されるであろう。

ちなみに、この含意は論理学的に正しいが、もう一方の、男子が生まれれば、心が清らかであるという判断は、論理学的にいえば正しくない。「Aならば、Bである」という条件命題が真のとき、そこに含意されるのは「Bでなければ、Aでない」、つまり、ここでは「男子が生まれなければ（すなわち、女子が生まれれば）、心が清らかでない」ということだけなのである。

さらに、このウケヒの記述では、それを実行する行為主体の問題も存在している。というのも、ここでウケヒをしているのは明らかに日の神であって、スサノヲは、その心のありさまを占われる対象にほかならないからである。したがって、この場合のウケヒは、スサノヲが直接関与しておらず、あくまでも日の神によるウケヒということになるであろう。しかも、スサノヲが生む子の性別のみが問題になっているので、極論すれば、日の神までもがここで子を生む必然性はないのである。

さて、ウケヒにしたがって、日の神とスサノヲは子を生み合うことになるが、この伝承で特筆されるのは、両者にものざねの交換がないことである。日の神は自らが帯びていた三つの剣から三柱の女神を生み、スサノヲは身に付けていた曲玉の装飾品から五柱の男神を生む。つまり、自分が所持しているものから、そのまま子を生むのである。したがって、『古事記』や『日本書紀』本文に見られるような、親子関係の交差がなく、日の神は女神の親、スサノヲは男神の親となり、前述の宣言内容に照らし合わせて、スサノヲに邪悪な心がないと判定されたのである。そして、日の神は自分の子である女神たちを筑紫の国に天くだりをさせて、天孫《あまみま》（アマテラスの孫であるホノニニギのこと）を助けなさいと命じることで、(20)この伝承は終わっている。

しかし、この伝承には大きな問題が含まれている。スサノヲが生んだアマノオシホネは『古事記』や『日本書紀』本文に出てくるアマノオシホミミと明らかに同一の存在と考えられるが、この神の子であるホノニニギが地上の世界の統治者となり、その子孫が天皇家として続いてゆくことになるのである。ところが、この伝承では、天皇家を、皇祖神とされるアマテラスにではなく、それとは対立関係にあるスサノヲに結びつけてしまっているのである。別伝とはいえ、正規の歴史書にこのような記述が残されているのは驚くべきことであろう。

『日本書紀』別伝②の記述

これは『日本書紀』第六段で第二書として出てくる伝承である。この伝承でまず注目されるのは、スサノヲが天《あめ》に昇る途中にハカルタマという神から曲玉をもらう点である。ハカルタマは「ハ」（意味は不明。「端っこ」、または、「羽根」を意味するともいわれている）と「アカルタマ」が結びついたものと思われるが、『日本書紀』第七段の第三書に出てくるアマノアカルタマや『古語拾遺』に出てくるクシアカルタマ[21]など、ほかの伝承でも、曲玉に関わるものとして、「アカルタマ」という語を含む神が登場している。そして、ここでもらった曲玉がこのあとで重要な役割をするのである。

スサノヲはアマテラスに会いにゆこうとするが、アマテラスはスサノヲに邪悪な心があると疑い、兵士を従えて、来訪の理由を詰問する。それに対して、スサノヲは、なぜ会うのか、その理由ははっきり示していないが、姉に会うこと、さらに、曲玉を献上することが来訪の理由であると答える。もっとも、曲玉を手にする以前から天に昇ろうとしていたので、後者の理由はあとから付け加えられたものにすぎないともいえる。

この伝承では、自らの潔白を示すために、スサノヲがウケヒの実行を提案している。その宣言の内容は「女子が生まれれば、きたない心がある」、「男子が生まれれば、きれいな心がある」というものであり、それを双方が宣言して、子を生み合うのである。それに対して、アマテラスは、子を生むためのものざねの交換を提案している。すなわち、自分が帯びている剣をスサノヲに与え、スサノヲがもっている曲玉をもらおうとするのである。

ところで、『古事記』と『日本書紀』に見られるウケヒの伝承には、ものざねから子を生みだす際に、それを天の真名井ですすぐという動作が加えられている場合がほとんどである。これは特別な水のもつ霊力を付着させるという意図をもっていると考えられる。これまでに紹介した伝承では、天の真名井は高天原にはじめから存在していることになっているが、この伝承では、天の真名井をあらためて三ヶ所掘ることになっている。なぜ三ヶ所も掘るのか、その理由ははっきりしないが、そのあとに出てくる宗像の三女神と関連しているという指摘もある。[22]

アマテラスがスサノヲから受け取った曲玉を天の真名井ですすぎ、曲玉の先端、中程、末尾を順に噛んで、その都度、息吹として吹き出すと、イツキシマヒメ、タコリヒメ、タギツヒメという三柱の女神が現れた。この神々はそれぞれ遠瀛《おきつみや》、中瀛《なかつみや》、海浜《へつみや》に鎮座している神であると説明されている。ここでは、「宗像」ということばは現れていないが、この三つの宮が宗像の奥津宮、中津宮、辺津宮を指していることは明らかであろう。

これに対して、スサノヲが手にした剣を天の真名井ですすぎ、剣の先を噛み切って吐き出すと、その息吹のなかから、アマノホヒ、アマノオシホネ、アマツヒコネ、イクツヒコネ、クマノノクスビという五柱の男神が現れた。この神々の名はこれまでに紹介した伝承の記述と基本的に一致しているが、この伝承においてのみ、最初に生まれた男子がアマノオシホネではなく、アマノホヒとなっていることが不可解な点として指摘しうるであろう。というのも、『日本書紀』におけるアマノオシホネの正式名である「マサカアカツカチハヤヒアマノオシホネ」の「マサカアカツ」という表現は、男子が生まれたことで、「まさにわたしは勝ったのである」と語ったスサノヲの勝利宣言を意味していると考えられるからである。勝利の第一声はやはり最初に置かれるのが自然なようにも思われる。この伝承はここまでで途切れて終わっているので、アマノオシホネがなぜ最初に生まれた子として位置づけられなかったのか、その理由は不明である。

『日本書紀』別伝③の記述

これは『日本書紀』第六段で第三書として出てくる伝承である。この伝承では、スサノヲが天に昇ってくるまでの経緯が記されておらず、日の神とスサノヲが天の安の川をはさんで向かい合っているところから始まっている。それまでの経緯が記されていないという事情に関して、それが元々存在していなかったことを意味するのか、あるいは、元々は存在していたが、『日本書紀』の編纂者が省いてしまったことを意味するのかは、判断する手がかりがない。このような問題は、この伝承だけにかぎらず、『日本書紀』に収録されているすべての別伝についてもいえることであろう。

さて、ウケヒの実行は日の神によって提案されている。その宣言内容は、要約すれば、「あなたに邪悪な心がないならば、あなたが生む子は必ず男子であろう」というもので、ここではスサノヲが生む子の性別のみが問題になっている。さらに、日の神がこの宣言に続いて、男子が生まれたならば、自分の子にして、天原《あまはら》(23)を統治させようと述べている点が注目されるであろう。

前述した『日本書紀』別伝①と同じように、ウケヒには直接関係しないにもかかわらず、日の神も子を生むことになっているが、両者のあいだでものざねの交換はおこなっていない。すなわち、日の神は自らが帯びていた三つの剣を次々と口に含み、各々の剣をものざねにして、オキツシマヒメ、イツキシマヒメ、タギツヒメという三柱の女神を生んだのに対して、スサノヲは、自らが身に付けていた曲玉の装飾品をものざねにして、左右の手のひら、腕、足の六ヶ所からアマノホシホミミ、アマノホヒ、アマツヒコネ、イクツヒコネ、ヒノハヤヒ、クマノノオシホミという六柱《むはしら》の男神を生んでいる。これまでに触れた伝承はすべて、生まれた男神を五柱と述べているが、この伝承では六柱となっている点が特に注目されるであろう。

ここで新たに加えられているのはヒノハヤヒという神である。『古事記』と『日本書紀』本文では、ウケヒに先だって、イツノヲハバリ（または、イツノヲハシリ）という刀剣から生まれたヒノハヤヒという神が登場しているが、両者は同じ神とみなしてよいであろう。このヒノハヤヒという神がウケヒで生まれる男神に加えられている理由ははっきりしないが、葦原の中つ国を平定するうえで大きな功績があったと位置づけられるタケミカヅチノヲは、伝承によっては、このヒノハヤヒの子であると位置づけられている場合がある。したがって、タケミカヅチノヲの神格を高めるため、その父ヒノハヤヒをウケヒで生まれた重要な神のなかに組み入れたのではないかという推測も可能であろう。(24)(25)

ウケヒの結果、スサノヲがこれらの男神を生んだため、心が清らかであるという神意が明らかになった。したがって、当初の約束通り、日の神は六柱の男神を自らの子にして、天原を統治させることにし、日の神が実際に生んだ三柱の女神は地上の世界にある宇佐の島に天くだりさせたという。この宇佐の島については、現在の大分県の宇佐を島のように見立てたという説や宗像の三女神が鎮座する地の一つである沖ノ島であるという説がある。

以上がその概要であるが、スサノヲの姉がアマテラスではなく、日の神となっている点、スサノヲの子の性別だけが問題となっている点、ものざねの交換がない点など、前述した『日本書紀』別伝①の伝承と類似する点が多く見いだされるだろう。しかしながら、それはあくまでもほかの伝承に比べれば類似点が多いという相対的な関係にとどめるべきかもしれない。というのも、両者では、アマノオシホミミ（または、アマノオシホネ）の位置づけに関する違いが存在しているからである。『日本書紀』別伝①では、この神をそのままスサノヲの子と位置づけているが、この伝承では、日の神が自らの子として扱っている。このアマノオシホミミの子が天孫として地上の世界に降り、その子孫がやがて天皇となってゆくという点を考慮するならば、その子の親がアマテラスなのか、スサノヲなのかという違いは決定的なものといえるであろう。

『日本書紀』別伝④の記述

これは『日本書紀』第七段で第三書として出てくる伝承である。そもそも第七段というのは、スサノヲとアマテラスのウケヒについて記述する第六段のあと、スサノヲが悪行を繰り返したため、それにたえきれず、アマテラスが天の石屋《いはや》に籠《こ》もってしまったという出来事を描写した部分である。その第七段にどうしてウケヒの記述が存在しているのかというと、この伝承のみが、天の石屋籠もりの出来事のあとにウケヒをおこなうという逆の展開になっているからである。以下では、それを具体的に検討することにしよう。

スサノヲの悪行に堪えかね、日の神が石屋に籠もってしまったとき、世界は闇黒につつまれてしまった。しかし、神々が力を合わせることで、日の神をそこから連れだし、日の光を回復させることができた。そのあと、神々はこの騒動の原因を作ったスサノヲを処罰し、底つ根の国に追放しようとした。

しかし、スサノヲは姉にあいさつしないままで去ることはできないとして、再び天に昇ってきた。日の神は、スサノヲが邪悪な心をもっていると疑い、武装して待ち受けるが、スサノヲはお互いにウケヒをしようと提案する。その宣言内容は、要約すれば、「もしわたしに悪い心があるならば、生まれる子は女子であろう」、「もしわたしに清い心があるならば、男子が生まれるであろう」というものである。この宣言には、生まれた子の扱い方についての約束事が付け加えられており、女子ならば、葦原の中つ国に天くだりさせ、男子ならば、天上《あめ》を統治させるということになっている。

そして、ウケヒがおこなわれる具体的な様子についてであるが、日の神によるウケヒの描写はきわめて簡潔なものになっていて、結局のところ、日の神のウケヒについては、大きな剣を嚙んだという記述しかない。「云云《しかしかいふ》」という語が見いだされるので、この伝承にそれ以外の記述がなかったというわけではなく、おそらく『日本書紀』の編纂者がなんらかの理由で省略したものと思われる。したがって、日の神が生んだ子については、存在の有無、その数、性別など、すべてが不明のままである。

それに対して、スサノヲによるウケヒについては詳細な描写が残されている。すなわち、スサノヲは頭の左右の角髪に付けていた玉の装飾品のひもを解いて、その玉を天の真名井ですすぎ、さらに、その玉の端を嚙んで、手のひらに置くという動作をする。左の角髪につけた玉を左の手のひらに置いたときに生まれたのがアマノオシホネという男神であり、右の角髪につけた玉を右の手のひらに置いたときに生まれたのがアマノホヒ、アマツヒコネ、イクメツヒコネ、ヒノハヤヒ、クマノノオホクマという五柱の男神である。

『日本書紀』別伝③と同様に、全部で六柱の男神が誕生することになるが、この伝承では、アマノオシホネのみが左から、それ以外の神々は右から生まれているのが注目される。古代の日本では、たとえば左大臣と右大臣、左大将と右大将のように、左が右よりも優越していると考えられていたので、この記述もおそらく天孫の父にあたるアマノオシホネとそれ以外の神々とのあいだに歴然とした格の違いをもうける意図があったものと思われる。

スサノヲは、清い心で姉に別れのあいさつをするために天つ国(26)に来たことを強調し、ウケヒによって身の潔白が証明されたあと、神々のおこなった追放処分の決定に潔くしたがって、根の国におもむくと告げる。そして、日の神による天つ国の統治が平和に続くことを願いつつ、自らの潔白の証しとして生まれた男神を姉に献上すると述べる。この伝承は、ほかの伝承に比べて、スサノヲに対する言及の方に重点を置いており、しかも、かなり好意的に描き出しているように思われる。神々から指弾されて、行き場を失ったスサノヲであるが、最後は、自らの潔白を証明し、自分が生んだ子を日の神の後継者として位置づけ、去ってゆくのであった。

ウケヒに関する諸伝承の相違点

	古事記	書紀本文	書紀別伝①	書紀別伝②	書紀別伝③	書紀別伝④
姉の神名	アマテラス	アマテラス	日の神	アマテラス	日の神	日の神
ウケヒの提案者	スサノヲ	スサノヲ	日の神	スサノヲ	日の神	スサノヲ
潔白の証し	不明示	男子誕生	男子誕生	男子誕生	男子誕生	男子誕生
アマテラスとスサノヲのものざね	前者は玉 後者は剣	前者は玉 後者は剣	前者は剣 後者は玉	前者は剣 後者は玉	前者は剣 後者は玉	前者は剣 後者は玉
ものざねの交換	あり	あり	なし	あり	なし	なし
生んだ男神の数	五柱	五柱	五柱	五柱	六柱	六柱
スサノヲの潔白	成立	成立	成立	成立	成立	成立
男神の帰属	アマテラス	アマテラス	スサノヲ	不明示	日の神	日の神

諸伝承の整理とその特色

以上のように、スサノヲのおこなったウケヒに関して、『古事記』と『日本書紀』の本文および四種類の別伝という合計六種類の伝承を取り上げてきた。これまでの言及からも明らかなように、スサノヲのウケヒに関する伝承は実に多種多様であり、錯綜している印象さえ受ける。同じテーマについて、これほどまで伝承上の食い違いを見せている事例は存在していないように思われる。

しかし、これらの多種多様な伝承に対して、どれが正しいものなのかと詮索することはあまり意味がないであろう。また、これらの伝承のあいだに新旧の違いを推測することも可能であるが、伝承として古いということが、必ずしも伝承の優越性を無条件に保障するわけではない。結局のところ、伝承は様々な動機や状況によって変化してゆくものだからである。この点から見て、スサノヲがおこなったウケヒは神話として様々な問題を含んでいるというべきであろう。その意義づけについては、第四節であらためておこなうこととして、ここでは六種類の伝承に関して、相違する点については前のページに一覧表の形で示し、共通する点については以下に言及しておきたい。

六種類の伝承に共通する点で特に主だったものはつぎの二点である。第一は、姉と弟のそれぞれがウケヒを必ずおこなっている点である。第二は、生んだ子の性別が、姉の場合は女子で、弟の場合は男子と、完全に一致している点である。これらの点から、このウケヒには、単にスサノヲの潔白を証明することだけにとどまらず、二神が生み合った子に特別な意義を見いだす意図があったことが推測されるのである。

四　スサノヲのウケヒの意義

本節では、これまで扱ってきたスサノヲのウケヒに関する諸伝承の内容に基づいて、あらためて『古事記』と『日本書紀』の神話におけるスサノヲのウケヒの意義について考察したいと思う。

ウケヒにおけるもう一つの意図

そもそもウケヒがおこなわれるに至った経緯は、姉の治める国を奪い取る野心があると疑われたスサノヲが、自らの潔白を証すためであった。スサノヲは自らが潔白であるということの証明を、ウケヒという呪術的行為を通じて、神の判断(27)に委ねようとしたのである。

ところが、この点に関して奇妙な記述に直面する。すなわち、アマテラスもウケヒをおこなっているのである。スサノヲの潔白を証すためだけであるならば、アマテラスがウケヒをする理由はどこにもないであろう。しかし、アマテラスがウケヒをおこなっているという記述はこれまでに紹介したすべての伝承に見出されるので、偶然そういう記述が紛れ込んでしまったというわけではなく、アマテラスもウケヒをおこなう必要があったという考え方が前提にあって、そういう記述が成り立ったと思われるのである。

この点を考慮するならば、スサノヲのウケヒ――厳密にいうならば、スサノヲとアマテラスのウケヒ――が神話のなかに組み込まれているのは、スサノヲの潔白を証すためだけでなく、それ以外の意図もあったからではないかと推測できるであろう。そして、その意図について追求するうえで注目されるのが、ウケヒが子を生むという形でおこなわれている点である。極論すれば、ウケヒで宣言される内容は自由であっただろう。たとえば、明日の天気を題材にしたウケヒでもよかったのである。ところが、スサノヲのみならず、アマテラスまでもが子を生み、その生まれた子の性別によって正邪を判断するというウケヒをおこなっているのである。

生まれた子の一方の側である三柱の女神とは、いわゆる宗像の三女神のことであり、ほとんどの伝承がこの三女神を祭っている宗像の三宮（現在の宗像大社）について言及している。この三女神がいかに重視されていたかがよく分かる。『日本書紀』別伝①では、やがて地上の世界に降りてくる天孫を助けるために遣わされたという記述もある。この三女神が重視されている理由としては、当時、外交および国防においても要衝の地であった九州北西部で、おそらく海路の安全と国家の守護という重要な役割を担っていた点、そして、この三女神を祭っている宗像君《むなかたのきみ》という地方豪族が天武天皇と姻戚関係をもっていた点などがあげられるであろう。

もう一方の側の五柱の男神では、アマノオシホミミとアマノホヒが重要である。アマノオシホミミの子であるホノニニギが地上の世界に天くだりし、その子孫がやがて天皇となってゆくのである。また、アマノホヒは、大和とは異なる独自の文化圏を形成していたと考えられる出雲の支配者の先祖神として位置づけられている。この神が天皇家の先祖神の弟分として位置づけられているということは、朝廷側からすれば、出雲を朝廷に取り込もうとする同化政策の現れともいえるであろうし、出雲側からすれば、自らのステータスを確立することにもつながるであろう。

このように、ウケヒによって生まれる子には重要な神々が多い。とりわけアマノオシホミミの登場は、そのあとの神話の展開においても不可欠なものである。スサノヲの潔白を証す目的でおこなわれたウケヒは、同時に、重要な神々をしかるべき場面において登場させるという役割をも担っていたのではないかと推測できるのである。

スサノヲと五柱の男神

しかし、このウケヒには大きな問題が残されている。それは、アマノオシホミミを中心とする五柱の男神を生んだのがスサノヲであったということである。このことは、諸説の錯綜する諸伝承においても、完全に一致しているのである。アマノオシホミミの子であるホノニニギがアマテラスの子孫として天くだりするというのが『古事記』と『日本書紀』の神話の重要なモチーフなのであるから、アマノオシホミミをアマテラスが直接生んだ子と位置づける方がごく自然であろう。しかしそれにも拘わらず、ものざねを交換して、親子関係を入れ替えるような形で、アマテラスがスサノヲの生んだ子を自分の子としたという記述をするのである。このような記述をする背景にはなんらか理由があると考えるべきであろう。

その点でまず注目されるのが、スサノヲと地上の世界である葦原の中つ国の関係である。そもそもイザナキは三はしらの貴き子に世界を分割統治させたが、その統治国については伝承によって諸説があり、一致していない。スサノヲについては、海原や根の国を任せたという記述がある一方で、天下を任せたという記述があることが注目される。天下とは文字通り高天原という天の下方にある葦原の中つ国のことを指すであろう。

仮にスサノヲの統治国が海原や根の国であったとしても、ほとんどの伝承は、スサノヲがつねに泣いていて、そのため国土に災いをもたらしていたと記述している。つまり、スサノヲは葦原の中つ国に居続けたのである。そのあと、スサノヲは姉のアマテラスに暇乞いをするため、高天原に昇るが、ここで興味深いのは、アマテラスが臨戦態勢をとった理由である。それは、葦原の中つ国にいたスサノヲが高天原の支配権を奪うと恐れたからである。つまり、この事実は、アマテラスに葦原の中つ国が自らの統治国であるという認識がなかったことを端的に示しているのである。

スサノヲは、高天原を経て、再び葦原の中つ国に戻るが、乱暴者というイメージを払拭して、今度は困っている者を助けるために、ヤマタノヲロチを退治し、英雄として活躍する。そして、出雲の地に宮殿を建設するのである。この宮殿は従来解釈されてきたような、新婚生活のためだけの住居とはいえないであろう。というのも、スサノヲはその宮殿の長官に妻の父を任命しているからである。この宮殿は地上の世界の統治者である王の宮殿であり、その長官とは王に対する大臣のような位置づけであると見た方がよいであろう。つまり、スサノヲは宮殿を建設して、名実ともに、葦原の中つ国の支配者になったと考えられるのである。

そのあとのスサノヲについては、『古事記』では、いつのまにか根の堅州国に住んでいて、助けを求めてきたオホクニヌシに試練を与えて、育成し、最終的には、娘を正妻として娶るよう命じ、オホクニヌシを葦原の中つ国の支配者として容認するに至っている。また、『日本書紀』本文では、オホクニヌシはスサノヲの子と位置づけられており、スサノヲはすべてをその子に託して、自らは根の国に向かうのである。

以上のことから考えて、スサノヲを葦原の中つ国の統治者としてとらえる認識が神話編纂者のなかに存在していたように思われる。それはおそらく元々の出雲神話において、それほどの存在感をもっていなかったスサノヲに注目し、オホクニヌシに娘を与え、後継者として認めるという形で、オホクニヌシよりも優越させ、さらに、アマテラスの弟として、高天原系の神としても位置づけたのであろう。スサノヲは、地上の世界と天上の世界をつなぐ媒介として機能しているのである。そして、アマテラスの子孫と位置づけられながらも、スサノヲの血を直接引くことで、スサノヲの統治を継承するにふさわしい存在であるという条件を満たすような神（すなわち、アマノオシホミミのこと）を登場させることこそが、ウケヒ神話の根底にある意図なのではないか。ここでは、このような見通しを提示しておきたいと思う。

第四章　ホノニニギとホヲリの神話

ホノニニギがアマテラスの命を受けて、高天原《たかあまはら》から葦原《あしはら》の中つ国に天くだりすると、『古事記』と『日本書紀』では、地上の世界を舞台にして、新たな神話が展開することになる。本章では、その神話の主人公であるホノニニギとその子ホヲリにまつわる神話を取り上げ、その内容について具体的に考察することにしたい。

一　日向神話とその主人公たち

日向神話とは

『古事記』と『日本書紀』の神話は、その内容から見て、三つの神話に大別することができる。その三つの神話とは、高天原神話、出雲神話、日向《ひゅうが》神話である。(1) そのうち、高天原神話とは、天《あま》つ神の命令を受けて天くだりしたイザナキとイザナミが国や神を生むところから、やがて高天原の中心的な神であるアマテラスが登場するまでの神話であり、出雲神話とは、葦原の中つ国という地上の世界を舞台にして、高天原から根の堅州国に向かったスサノヲとその後継者として位置づけられるオホクニヌシが活躍する神話である。

そして、本章で扱うのが日向神話である。この神話は、葦原の中つ国に天くだりしたアマテラスの孫ホノニニギとその子孫たちの足跡を軸にして、これらの神々が織りなす様々な出来事によって構成されている。「日向」という地名を冠しているのは、九州の日向地域を主な舞台にしているからであると考えられるが、ただし、この場合の「日向」というのは、現在の宮崎県の部分と必ずしも一致しているわけではない。神話における神々の活動範囲はもっと広く、おそらく九州南部一帯を広く指していたといえるであろう。(2)

この日向神話は、ホノニニギ、その子ホヲリ、その孫ウカヤフキアヘズという、いわゆる「日向三代」と呼ばれている神々が登場していることから、「日向三代神話」ということもある。しかし、『古事記』や『日本書紀』の記述を見るかぎり、あくまでも神話の記述は、ホノニニギとホヲリの二神に集中していて、ウカヤフキアヘズについては、神話というよりは、その誕生から死までの断片的な記録が記されているにすぎず、日向神話の主人公とはいいがたいものがある。(3) したがって、実際には、ホノニニギとホヲリという「日向二代神話」というべきかもしれない。

それはともかくとして、この日向三代の神々は天皇に直結する先祖神であるとともに、天皇制が成立する以前における地上の世界の統治者でもある。このような、いわば「プレ天皇」を主題にするというと、いかにもその存在の偉大さや絶対的な権威を強調する神話であるかのように想像するかもしれないが、実際はそうではない。それどころか、ここで登場する神々は、ときに悲しみ嘆き、ときに猜疑心をもち、ときに好奇心に駆られて禁忌を破るなど、ごく普通の人間的感情をそなえた等身大の存在として描かれているのである。

このことは、日向神話というものが本来の原型としては、九州において伝承されてきた説話であり、それが朝廷の神話に取り込まれてゆくにしたがって、高天原神話と接合し、日向神話の主人公たちが天皇の先祖神として位置づけられるようになっていったことを示唆しているように思われる。

ホノニニギたちに付けられた呼称

『古事記』と『日本書紀』の神話では、ホノニニギからウカヤフキアヘズまでの日向三代の神名の前に特別な呼称を付けている。すなわち、『古事記』では「天津《あまつ》日高日子」という呼称を、『日本書紀』では「天津《あまつ》彦彦《ひこひこ》」などの呼称を付けているのである。ところが、『古事記』と『日本書紀』のそれぞれに出てくる「天津日高日子」と「天津彦彦」という呼称は、厳密には対応しておらず、単純に同一視することはできないように思われる。そこで以下では、この対応関係にまつわる問題を二つにまとめて、考察することにしたい。

第一の問題は、『古事記』に出てくる「天津日高日子」という呼称の、特に「日高」という部分の読み方の問題である。もしこの「天津日高日子」が『日本書紀』の「天津彦彦」と対応関係にあるのであれば、当然、「アマツヒコヒコ」と読まれるであろうし、実際、従来にはほとんどそのように読まれてきた。[4] しかし、もしそう読むのであれば、『日本書紀』の「天津彦彦」と同様に、「天津日高日子」ではなく、「天津日子日子」と表記するのが自然であるように思われる。なぜ、「ヒコ」について「日高」、「日子」という二通りの表記をする必要があるのだろうか。

これに関して、同じように「ヒコ」と読んでも、「日高」と「日子」は違う意味をもつ語であるから、表記も区別しているのであると主張するならば、「日高」と「日子」が意味を異にする別の語であるから、二つの「ヒコ」がまったく同一にとらえられている『日本書紀』の「彦彦」とは一致しないことになるであろう。

以上の点から考えて、『日本書紀』の「天津彦彦」とは異なり、『古事記』の「天津日高日子」は、「日高」と「日子」が意味を異にする別の概念であり、したがって、「日高」は「ヒコ」ではなく、これまでに提案されているような[5]「ヒタカ」――「太陽の高みのように偉大な方」という意味になるであろうか――という読み方をとった方がよいと思われる。もっともその場合には、「日高」という概念の厳密な意味の特定とその語の成立背景、『日本書紀』の「彦彦」との不一致がなにを意味しているのかなど、今後、さらに検討すべき課題を残しているといえるであろう。

つぎに第二の問題は、『古事記』と『日本書紀』では、これらの呼称を付ける対象が異なっている点である。『古事記』では、前述の日向三代の神々に「天津日高日子」という呼称を付けているが、『日本書紀』では、ホノニニギにのみ「天津彦彦」という呼称を付けていて、ホヲリ（「ホホデミ」ともいう）やウカヤフキアヘズには、たとえば「彦ホホデミ」などのように、単独で「彦」という呼称を付けていて、両者に違いが見られるのである。

なお、「日子」や「彦」は日の子、すなわち、「太陽の子」を意味しており、『古事記』と『日本書紀』の神話において、太陽とはアマテラスのことを指しているから、これらの語はアマテラスの子を意味することになるだろう。しかし、ホノニニギはアマテラスの子ではなく、孫であるから、この場合の「子」は文字通りの子ではなく、太陽神の権威を正統に受け継ぐ者という意味でとらえるべきであろう。

ではなぜ、『古事記』と『日本書紀』のあいだにこのような違いが出てくるのであろうか。それは第一の問題とも密接に関わっているように思われる。つまり、『古事記』の場合、「天津日高」と「日子」はほとんど同じ概念、あるいは、前者が後者を修飾する語であったと考えられるのに対して、『日本書紀』の場合、「天津彦」の「彦」と単独の「彦」が同一の概念であるがゆえに、「天津彦」と「彦」が同一の概念となることはなかった。つまり、「天津彦」とは高天原の「彦」なのであり、したがって、地上の世界で生まれたホヲリやウカヤフキアヘズは「彦」であっても、「天津彦」ではないという区別が生じたのではないだろうか。この点は、『日本書紀』の本文のみならず、すべての別伝でも同じである点から、そのような可能性は十分考えられる。そして、このように「天津彦」と「彦」を区別する解釈に対して、『古事記』の編纂者は、「天津彦」とは似て非なる「天津日高」という概念を新たに造出し、それを「日子」と同一視するという独自の解釈を提示したのではないかと思われるのである。(6)

ホノニニギの子

『古事記』と『日本書紀』の本文および別伝では、ホノニニギの子孫たちの系譜について言及している。もちろん、ホノニニギからホヲリへ、ホヲリからウカヤフキアヘズへという基本的な流れでは一致しているわけであるが、それ以外の点となると、相違している場合もかなり多い。そのなかでも特に問題となるのはホノニニギの子に関する記述であろう。神話の具体的な考察については後述することにして、ここでは、様々な伝承のなかで記述されているホノニニギの子について、まとめて検討することにしたい。

そこでまず『古事記』と『日本書紀』で、ホノニニギの子に関して記述している伝承をすべて抽出すると、つぎのようになる。なお、①、②などの番号は生まれた順番を表すものとする。

『古事記』	①ホデリ、②ホスセリ、③ホヲリ
『日本書紀』第九段の本文	①ホスソリ、②ホホデミ、③ホアカリ
『日本書紀』第九段の第二書	①ホスセリ、②ホアカリ、③ホホデミ（ホヲリ）
『日本書紀』第九段の第三書	①ホアカリ、②ホススミ（ホスセリ）、③ホヲリ彦ホホデミ
『日本書紀』第九段の第五書	①ホアカリ、②ホススミ、③ホヲリ、④ホホデミ
『日本書紀』第九段の第六書	①ホスセリ、②ホヲリ（ホホデミ）
『日本書紀』第九段の第七書	①ホアカリ、②ホヨリ、③ホホデミ
『日本書紀』第九段の第八書	①ホスセリ、②ホホデミ

これだけを見ても、ホノニニギの子に関しては、多種多様な記述が存在しているのであるが、特筆すべき点として、以下の四点があげられるであろう。

第一は、『日本書紀』の本文や一部の別伝では、ホアカリ(7)がホノニニギの子として登場しているが、『古事記』や『日本書紀』のそれ以外の別伝は、そのような記述が見られない点である。ホアカリが子でないという記述が見られるのはなぜかというと、それらの伝承では、ホアカリがホノニニギの子ではなく、兄として位置づけられているからである。

第二は、『古事記』の場合、ホデリがホノニニギの子としてあげられているが、ほかの伝承にはまったく登場していない点である。『古事記』の記述によると、このホデリは隼人の祖とされているが、『日本書紀』本文では、隼人の祖はホスソリとなっている。しかし、ホスソリは明らかに『古事記』のホスセリと同一の存在であろう。このような複雑な相違がなぜ起こってくるのか。いくつかの可能性が考えられるが、それを断定することは難しいであろう。

第三は、生まれた子の数が一致していない点である。ホアカリがホノニニギの兄として位置づけられている伝承のなかでも、『古事記』では、それに代わって、ホデリを加えているので、ホノニニギの子は三柱《みはしら》となるが、『日本書紀』第九段の第六書と第八書では、二柱《ふたはしら》になっている。また、『日本書紀』第九段の第五書のみはホヲリとホホデミを別の存在とみなしており(8)、唯一、生まれた子を四《よ》柱《はしら》としている。

そして最後の第四は、子の生まれる順番が一定していない点である。ここに登場する子はすべて

「ホ」、すなわち、火を表す語が付されている。これは後述するように、これらの子が火のなかで生まれたり、火のなかで試練を受けたりするからである。そして、ホアカリ（火の明るくなること）、ホススミ（火の勢いが進むこと）、ホヲリ（火の勢いが衰えること）などというように、この子たちの名は火の燃える状態を描写しているものと思われる。したがって、生まれる順番はある程度定まってくると思われるのであるが、たとえば、ホスセリとホアカリの順番に異同がある点など、細かいところでは、様々な違いを見せているのである。

二　ホノニニギをめぐって

サルタビコとの接触

『古事記』の記述によれば、アマテラスとタカキの命令を受けて、ホノニニギは天くだりをはじめようとするが、その際に、サルタビコ（『日本書紀』では「サルタヒコ」という）という神と接触することになる。この神がどのような役割を果たしているかというと、ホノニニギの天くだりに関して、その方向づけをする役割を担っているのである。以下では、このサルタビコとの接触について、具体的に考察してみたい。

そもそも『古事記』と『日本書紀』でこのサルタビコに言及するのは、『古事記』と『日本書紀』の一つの別伝（第九段の第一書）のみであり、それ以外の伝承には見いだされない。通常、サルタビコの「サル」という音に対して「猨」（「猿」と同じ）という字が当てられるが、猨には関係しないという解釈と、神の使者である猨と解釈する場合がある(9)。前者の解釈では、「サルタ」という語は、一つの可能性として、「サ」（神稲）＋「ル」（の）＋「タ」（田）と分解することができる(10)。したがって、新《にい》嘗《なえ》などで神に献上する稲に関わる神ということになるであろう。また、のちにアマテラスが祭られることになる伊勢の五《い》十《す》鈴《ず》川一帯に関係をもっている神らしく、『古事記』と『日本書紀』別伝のいずれにおいても、サルタビコの伝承には伊勢の地名が登場してくるのである(11)。

このサルタビコは、高天原と葦原の中つ国の両方に光りを発しながら、ホノニニギが天くだりのために通る分かれ道に居座っていた。『日本書紀』別伝では、サルタビコの姿に関する詳しい描写が見いだされるが、それによると、サルタビコは天狗のように長い鼻をし(12)、背は高く、口が光り、目も赤く輝いていたという。『古事記』と『日本書紀』の神話で、神の姿をこのような形で具体的に描写しているケースはほとんどないので、それほどサルタビコは特異な姿としてイメージされていたということなのであろう。

その形相に多くの神々が恐れるなか、いかなる者に対しても物《もの》怖《お》じしないといわれるアマノウズメが行って、着ている衣裳をはだけて、微笑みながら、そこに居座っている理由をたずねた。すると、サルタビコは、ホノニニギが天くだりするというのを聞いて、それを先導するため、ここでお迎えしているのだと答えたのである。『日本書紀』の記述では、サルタビコは「チマタの神」と呼ばれている。チマタの神とは行路の安全を守る神のことを意味している。このように、サルタビコはホノニニギが無事に天くだりするための守り神として登場しているのである。

しかし、それだけでなく、サルタビコはホノニニギの天くだりに対して決定的な役割も果たしている。それは前述した『日本書紀』別伝だけに見られる記述であるが、アマノウズメが「ホノニニギがどこに天くだりしたらよいのか」とたずねたのに対して、サルタビコは「筑紫の日向《ひむか》の高千穂の霊妙な岳に行くべきである」と答えているのである(13)。その指示を待っていたかのように、ホノニニギは天くだりを断行することになる。つまり、サルタビコは、単に付き添って、行路を守るだけでなく、ホノニニギが天くだりする場所までも指示しているのである。その役割は重要なものといわざるをえないであろう。

先導が終わると、サルタビコはアマノウズメに送られて、伊勢に帰ってしまう。高天原の意向とは関係なく、突然のように現れ、突然のように消え去ってしまうのである。『古事記』や『日本書紀』で「大神」(『日本書紀』ではサルタビコ自らがそう名のっている)と呼ばれ、その存在が特別視されていることは明らかであるが、そもそも伊勢にいたサルタビコがなぜホノニニギを迎えに行ったのか、なぜ特異な姿でイメージされているのかなど、サルタビコについては多くのなぞがともなっている。それはともかくとして、このサルタビコの助力によって、ホノニニギの天くだりは無事におこなわれたのである。

石と花①――オホヤマツミのウケヒ

高千穂の霊妙な岳に天くだりしたホノニニギは、まず自らにふさわしい国を探し求めた。『古事記』の記述には見いだされないが、『日本書紀』の本文や別伝では、その際に、コトカツクニカツナガサという神の助力を受けたということが記されている。そして、定着したのが笠沙《かささ》の岬の周辺であったという(14)。神話に出てくる場所を実際の地理にそのまま比定して考えるというのは、一つの閉じた神話という表象的な世界を逸脱することになりかねないので、十分注意すべきことであると思うが、あえて地理的なことを補足すると、この笠沙の岬の所在については諸説があるものの、薩摩半島の西側につきだした小半島（「野間半島」と呼ばれる地域）近辺を指していると考えられている。『古事記』の記述によると、ホノニニギは、大地にしっかり根づいた大きな柱と高天原に向かってそびえる千木《ちぎ》をそなえた立派な宮殿を建設したという(15)。

定着したホノニニギはつぎに妻を求め、同じく笠沙の岬で、美しい女性に出会った。その素性を聞くと、葦原の中つ国に住む神のなかでも特に有力な神である山の神オホヤマツミの娘で、「アタツヒメ」（これは『古事記』での神名で、『日本書紀』では「カシツヒメ」、「カシアタツヒメ」などともいう(16)）という名であった。ただし一般には、この女神は、その美しさを表す別名の「コノハナノサクヤビメ」という名で知られている。以下ではこちらの名を使うことにしよう。

ホノニニギがオホヤマツミに娘との結婚を申し込むと、天つ神の御子であるホノニニギとの願ってもない縁談に、オホヤマツミは大喜びした。そして、コノハナノサクヤビメだけでなく、姉のイハナガヒメも一緒にして、さらに多くの贈り物をもたせて、嫁がせたのである。ところが、ホノニニギは、美しい妹とは異なる醜いイハナガヒメを厭わしく思い、彼女だけをオホヤマツミに送り返してしまった。その振る舞いにオホヤマツミは落胆し、自分が娘二人を同時に送ったのには特別な意味があったのであるということをホノニニギに伝えたのであった。

それはどのような意味であったかというと、イハナガヒメは、その名に含まれる石《いは》のように、けっして美しくはないが、いつまでも変わらない堅固な存在であるということを象徴しており、逆に、コノハナノサクヤビメは、その名に含まれる花のように、美しいけれども、すぐに散ってしまう、はかない存在であるということを象徴しているのである。そして、オホヤマツミはホノニニギについて、イハナガヒメを受け入れれば、石のように永遠の生命をもっていることが明らかになるであろうし、コノハナノサクヤビメを受け入れれば、花のように栄えることが明らかになるであろう、というウケヒをおこなったのである。ウケヒという呪術については第三章でも触れたが、この場合のウケヒは、真偽の判定を、自分が宣言したことの成否によって占うという通常のウケヒとは少々異なっているように見えるが、「永遠の生命を得るのであれば、イハナガヒメを受け入れるであろう」などと転換すれば、通常のウケヒとして扱うことが可能になるであろう。

しかし、ホノニニギはオホヤマツミのこのような深意を知る由もなく、見た目の好悪だけで判断して、イハナガヒメを送り返してしまったのである。したがって、そのことによって、天つ神の御子、すなわち、ホノニニギとその子孫たちは、花のように栄えるけれども、はかない寿命をもつ運命であることが明らかになってしまったのである。さらに、『古事記』の編纂者はそれに付け加えて、以上のような出来事によって、歴代の天皇たちもかぎられた寿命をもつということが示されたという、非常に大胆なコメントも付け加えているのである。

以上が、イハナガヒメとコノハナノサクヤビメに関してオホヤマツミがおこなったウケヒの話であるが、ここでは、あくまでも『古事記』の記述に基づいている。『日本書紀』における記述についてはこのあとすぐに取り上げることにしたい。

石と花②――人間の寿命

前述のように、『古事記』には、オホヤマツミのウケヒによって、天つ神の御子、ひいては、歴代の天皇の寿命がかぎりあることが明らかになったという神話が含まれているが、これに対して、『日本書紀』の記述はどうなっているかというと、本文とほとんどの別伝には、オホヤマツミによるこのウケヒ、ホノニニギとその子孫の寿命に関する記述が見いだされない[17]。『古事記』と『日本書紀』のあいだでなぜこのような著しい違いを見せるのであろうか。明確なことは分からないが、少なくとも『日本書紀』本文の場合、天つ神の御子に関する記述はそのまま子孫である天皇にも関わってくるため、それに対する言及をタブー視したのではないかと考えられる。その場合、なぜ『古事記』が天皇の寿命に言及することをタブー視しなかったのかという問題が出てくるであろうが、その理由について断定的な意見を述べることは難しいであろう[18]。

同じ『日本書紀』でも、本文とは異なる記述を含んでいることが多い別伝の場合はどうかというと、もちろん、それらの伝承を『日本書紀』に掲載するかどうかの選択は編纂者の判断に委ねられているので、ある種のバイアスがかかっている可能性も考えられるであろう。しかしながら、たとえば、第三章・第三節で触れたように、アマノオシホミミをスサノヲの子とする伝承（すなわち、スサノヲが天皇の先祖神にほかならないという伝承）をそのまま別伝として載せている点などから見て、別伝に対しては、比較的に中立公正な態度で伝承の通りに採録しているようにも思われる。そうでなければ、そもそも『日本書紀』という国家に関する公式の歴史書に別伝などというものをわざわざ付加する必要はなかったであろう。

それらの別伝にも、一つの例外を除いては、このオオヤマツミによるウケヒ、ホノニニギとその子孫の寿命に関する記述が見出されない点から見て、あくまでもこの神話は一部の伝承で伝えられていたものなのかもしれない。そして、それを『古事記』の編纂者は、なんらかの意図をもって大きなテーマとして位置づけたと推測することもできるのである。

そこでつぎに、『日本書紀』のなかで唯一、この神話に触れている別伝（第九段の第二書）を紹介することにしよう。この別伝の記述では、オオヤマツミは脇役にすぎず、主役はイハナガヒメである。オオヤマツミは、コノハナノサクヤビメを見初めたホノニニギの求めに応じて、コノハナノサクヤビメにイハナガヒメをそえて、嫁がせるが、ホノニニギは醜いイハナガヒメを退け、コノハナノサクヤビメだけを寵愛する。この仕打ちを恥じたイハナガヒメはホノニニギを呪って、「わたしを退けることがなかったならば、生まれる子の寿命は石のように永遠であったであろうに。しかし、そうではなく、妹だけを寵愛したため、生まれる子は花のように散ってしまうであろう」という呪いのことばを語ったという。

この神話では、醜さゆえに退けられたイハナガヒメがホノニニギの子を呪うという怨恨話になっていて、『古事記』に見られるような、天つ神の御子の永遠の繁栄を願っておこなったオホヤマツミのウケヒのような話は見られない。また、この別伝の伝承では、なぜ石と花を象徴する姉妹が同時に献上されるのかという動機づけが弱くなってしまっているように思われる。

なお、この別伝には、もう一つの伝承が述べられており、今述べた話とはかなり趣を異にしている。すなわち、ホノニニギに退けられたイハナガヒメは、唾液を吐いて（唾液を吐くのは、呪いを確実なものにするための動作）、「この世界に生きている人間という青草は花のように衰えてしまうであろう」と呪ったのである。そして、この出来事こそ、人間の寿命が短いことの由来であるとされているのである。こちらの伝承の場合、イハナガヒメの呪いを単なる怨恨話としてではなく、人間になぜ寿命があるのかを説明する神話的な解釈として位置づけているのが興味深い点といえるであろう。

コノハナノサクヤビメの出産①――『古事記』と『日本書紀』本文の記述

この神話にもコノハナノサクヤビメが登場している。ホノニニギがイハナガヒメを返して、コノハナノサクヤビメとだけ結婚したという神話とこのコノハナノサクヤビメの出産という神話をまとめて、

「コノハナノサクヤビメ神話」と総称している場合もある。しかし、前者の神話が『古事記』と『日本書紀』の一つの別伝にしか登場しないものであるのに対して、後者の神話はほとんどの伝承に登場しているという違いがある。そこで以下では、『古事記』の記述を中心にしながら、この神話の内容をたどってみることにしよう。

ホノニニギは美しいコノハナノサクヤビメと結婚した。しかし、結婚といっても、ホノニニギはコノハナノサクヤビメと一夜の契りを交わしただけにすぎなかった。ところが、コノハナノサクヤビメはこの一夜の契りで妊娠したのである。コノハナノサクヤビメは、天つ神の子を勝手に生むべきではないと思って[19]、ホノニニギに妊娠したことを告げたが、ホノニニギはわが子の妊娠を喜ぶどころか、一夜の契りで自分の子を妊娠することなどありえないのではないか、その子の父親はわたしではなく、葦原の中つ国に元々いる国つ神なのではないかと、自分の子であることを疑ったのである。

このようなあらぬ疑いをかけられて、コノハナノサクヤビメが激怒するのは当然であった。それならば、自分の潔白をはっきり示してあげましょうと、出産の準備をはじめた。ここから明らかになるコノハナノサクヤビメの烈女ぶり（気性の激しい女性という意味）は、花にたとえられる美しさとは大きなコントラストをなしているようにも思える。

まずコノハナノサクヤビメはつぎのようなウケヒをおこなっている。

わたしが妊娠した子が国つ神の子であるならば、無事には生まれないであろう。

わたしが妊娠した子が天つ神の子であるならば、無事に生まれるであろう。

そして、産屋《うぶや》を建てるが、この産屋には出入りする戸がなかった。どうやってその産屋に入ったのかは定かでないが、産屋に籠《こ》もると、土で壁を完全に塗り固めてしまった。つまり、自分で産屋から逃げられなくしてしまったのである。そして、産屋に籠もったあとに火をつけて、燃えさかる産屋のなかで出産するのである。

以上は『古事記』の記述に基づくものであるが、ちなみに『日本書紀』本文の場合、これとは若干異なる内容になっている。コノハナノサクヤビメは、戸のない産屋に籠もったあとに、つぎのようなウケヒをおこなっているのである。

わたしが妊娠した子が天孫《あまみま》の子でないならば、必ず焼け滅びるでしょう。

わたしが妊娠した子が天孫の子であるならば、火によって害されないでしょう。

『日本書紀』本文のウケヒが火に言及しているのは、『古事記』とは異なって、そのウケヒが密閉された産屋のなかでおこなわれたことと関係しているであろう。つまり、外からは見えない暗闇のなかで、「無事には生まれない」というよりは、「火によって害されない」——つまり、姿が見えなくとも、火がつけられた産屋にいるコノハナノサクヤビメに危険が迫っていることが分かる——の方が表現的にすぐれていると思われるからである。

コノハナノサクヤビメは、燃えさかる産屋のなかで、無事に子たちを生んでゆき、自らの潔白をはっきりと示した。生まれた子は『古事記』ではホデリ、ホスセリ、ホヲリで、いずれも出生時の状況にちなんで「ホ」（火に通じる）[20]という語が付け加えられている。そして、このなかのホヲリこそが、日向神話におけるつぎの主人公として活躍する存在となるのである。

コノハナノサクヤビメの出産②――『日本書紀』別伝の神話

『古事記』と『日本書紀』本文では、コノハナノサクヤビメの出産に関する神話は、細かい点を除けば、ほぼ一致しているといってもよいであろう。ところが、『日本書紀』にある二つの別伝を見ると、これらの伝承とは異なる興味深い記述がいくつか見いだされる。そこで以下では、それらの内容を紹介することにしたい。

まずは、『日本書紀』別伝（第九段の第五書）に見られる伝承である。この伝承では、コノハナノサクヤビメがこれから子を生むのではなく、すでに生まれているというところから始まる。なお、ここで生まれた子が『古事記』や『日本書紀』本文とは異なって、四柱であり、しかも、『古事記』や『日本書紀』の他の別伝では同じ神の異なる名とされているホヲリとホホデミが、この伝承ではまったく別の存在とみなされている点が注目されるであろう。

この伝承はつぎのような内容になっている。コノハナノサクヤビメは天つ神の子を勝手に養育するわけにはゆかないと思い、ホノニニギにその旨を告げたところ、ホノニニギは一夜の契りで子が生まれるはずがないとして、自分の子とは認めなかった。そこで、コノハナノサクヤビメは子たちを連れて、戸の無い建物に籠もり、「天つ神の子でなければ、焼け失せよ。天つ神の子であれば、無傷であれ」というウケヒをおこなって、火を放った。すると、炎のなかで四柱の子たちが次々と自らが天つ神の子であると名のったのである。この四柱の子とは、ホアカリ、ホススミ、ホヲリ、ホホデミのことであるが、この伝承では、この四柱の子が各々、火がはじめて明るくなるとき、火が盛んになるとき、火が弱くなるとき、火の熱が冷めるときに名乗りをあげたと述べ、それぞれの名の由来を火の燃える様子の推移と結びつけて、巧みに説明しているのである。(21)

四柱の子が無傷で名乗りをあげていった事実を前にして、コノハナノサクヤビメはこれでもこの子たちを天つ神の子ではないというのかと迫ったのであるが、それに対するホノニニギの答えが実に興味深いものとなっている。すなわち、ホノニニギははじめから自分の子であると知っていたというのである。ただし、一夜の契りで子が生まれるはずがないと周囲の者が疑うのを懸念し、天つ神は一夜の契りによっても子を生ませることができる特別な存在であるということを知らしめるため、あえて当初のやりとりでは子とは認めず、コノハナノサクヤビメにその証《あか》しを立てさせたと答えたのである。ホノニニギが単に自らの子であることを疑ったという描き方をする『古事記』や『日本書紀』本文に対して、この伝承では、統治者としてのホノニニギの思慮深さをうかがわせる描き方になっているのである。

さらに、『日本書紀』の別伝（第九段の第六書）にも興味深い伝承がある。ただし、この伝承の場合、「云云《しかしかいふ》」という形で、ウケヒまでの記述が極度に省略されている。この省略は『日本書紀』編纂者によるものであろう。(22)前述のイハナガヒメの名も登場しているので、省略されている部分には、もしかすると、オホヤマツミのウケヒの記述が存在していた可能性がある。それはともかくとして、この伝承で注目されるのは、『古事記』と『日本書紀』のコノハナノサクヤビメの出産の神話に関する伝承のなかで、唯一、この出来事の後日談を伝えている点である。それによると、自らの妊娠について疑われたコノハナノサクヤビメの気持ちはけっして晴れることなく、ホノニニギを恨んで、なにも語ろうとしなかった。そのため、ホノニニギはつぎのように歌ったという。

沖つ藻《も》は　辺《へ》には寄れども　さ寝床も　与《あた》はぬかもよ　浜つ千鳥よ

沖の藻が浜辺に寄っているのに、妻はわたしに寄ろうとせず、寝床も与えてくれないのだ。それに引き替え、二羽で仲むつまじくしている浜千鳥がなんとうらやましいことか。このようにホノニニギはつぶやく。記述はこれだけの短いものであるが、ここには、天つ神の御子とは名ばかりの、等身大の男性の嘆きが伝わってくるのである。

三　ホヲリをめぐって

ウミサチビコとヤマサチビコ

それに続く日向神話では、ホノニニギに代わって、子であるホヲリが新しい主人公として登場し、このホヲリをめぐる神話はウミサチビコとヤマサチビコの話から始まっている。サチとは、「海のサチ」、「山のサチ」というように、海や山でとれる産物を指す場合が多いが、ここでは、それらの産物をとる営みや道具の方に重点が置かれている。したがって、ウミサチビコとヤマサチビコは各々、海の産物と山の産物の収穫を生業《なりわい》としている者という意味になるであろう。この神話の原型は、九州南部を根拠としていた隼人に伝えられていた説話で、それが天つ神の子孫の神話に結びつけられたものであるともいわれているが、その真偽ははっきりしない。また、類似する説話が東南アジアにも伝えられているという指摘がある。(23)

後述することになるが、この神話はその結びの部分で、隼人が朝廷に服属するに至った由来について説明しているので、もしこれが隼人に伝えられていた説話を起源とするものであったとするならば、実に皮肉な形で改変されている可能性があるであろう。同様の例として、元々は出雲を支配する出雲《いづもの》臣《おみ》の先祖神であるにもかかわらず、『古事記』と『日本書紀』の神話において天つ神アマノオシホミミの弟と位置づけられ、さらに葦原の中つ国の支配者であるオホクニヌシに服属を迫る使者として派遣されたものの、その使命を果たさなかった裏切り者として描かれているアマノホヒが想起される。

それはともかくとして、第一節で触れたように、『古事記』ではホデリを隼人の祖である述べているのに対して、『日本書紀』本文ではホスソリを隼人の祖であると述べている。そして、『古事記』では、ホデリとは別にホスセリ（『日本書紀』本文のホスソリに相当する）が存在しているので、結局、隼人の祖とされるウミサチビコがどの神を指すのかという点について、『古事記』と『日本書紀』本文では一致していないのである。

さて、『古事記』の記述によれば、ヤマサチビコが再三にわたってサチの交換を提案してきて、あまり乗り気ではなかったウミサチビコもようやくそれに応じたという。この場合のサチの交換とは、産物をとるための道具の交換を意味している(24)。ウミサチビコのサチは釣り針、ヤマサチビコのサチは弓矢であった。ただし、サチ交換の経緯については、伝承によって異なる点も見いだされる。『日本書紀』の本文と別伝(第十段の第一書)では、ヤマサチビコの一方的な提案ではなく、両者の希望による交換となっている。これに対して、『日本書紀』のほかの別伝(第十段の第三書)では、海での釣りは、風雨にあうたび、利益があがらなくなるので、ウミサチビコがヤマサチビコにサチの交換を提案したという。

このようにサチの交換をし、ウミサチビコは山で狩りを、ヤマサチビコは海で釣りをするが、結局、どちらも収穫をえることはできなかった。ウミサチビコが「ヤマサチも己《おの》がさちさち、ウミサチも己がさちさち」と述べたように、やはり元の生業に戻るのがよいだろうということで、借りたサチをお互いに返そうと提案したのである。ところが、ヤマサチビコは獲物を獲れなかったばかりでなく、釣り針を海に落とし、なくしてしまったのである。そのことを謝罪したが、ウミサチビコは許さなかった。そこで、それを償おうとして、自分の大事な刀剣をつぶして、五百個の釣り針を作っても、さらに、その倍である千個の釣り針を作っても、ウミサチビコはまったく受け取ろうとせず、元の釣り針を返せと責め立てたのである。そのため、ヤマサチビコは泣き憂え、途方に暮れて、海辺にたたずむばかりであった。

ホヲリのワタツミ宮殿訪問①――そこに至る道

　このように困り果てていたヤマサチビコ、すなわち、ホヲリのもとにシホツチ（『日本書紀』別伝〔第十段の第四書〕ではシホツツ）という神が現れた。[25]このシホツチはこれ以外にも、カムヤマトイハレビコ（のちの神武《じんむ》天皇）に、東方によい国があることを教える神として登場している。また、『日本書紀』別伝（第九段の第四書）だけに見られる記述であるが、ホノニニギによい国のある場所を教え、その国を献上したとされるコトカツクニカツナガサという神のまたの名が「シホツチ」であったという。その名の通り、シホ（この場合、海水ではなく、海潮を意味する）を司る神で、とりわけ海路に通じた道案内の役割を担っているのであろう。

　このシホツチは、ホヲリから事情を聞き、ワタツミのもとに行けば、相談にのってくれるであろうと助言した。そして、ワタツミの宮殿に行く方法やワタツミとの接し方などを詳しく教え、竹で編んだ籠《かご》に載せて、ホヲリを送り出したのである。

　なお、ほとんどの伝承において、シホツチが助言を与え、籠に載せて送り出す形になっているが、『日本書紀』別伝（第十段の第四書）だけは異なる伝承になっている。それによると、シホツチは、ワタツミが用いる運搬役の八尋鰐《やひろわに》（両手を広げた長さ八つ分の大きさをもつ）が橘の小門《をど》（ここはイザナキがみそぎをおこなった場所と同じと思われる）にいると述べ、一緒にそこに行くが、到着すると、今度はシホツチに代わってその八尋鰐が、ワタツミの宮殿に行く方法やワタツミとの接し方を教え、一日でワタツミの宮殿に運搬可能な一尋鰐《ひとひろわに》魚を連れてくるという。そして、その通りに一尋鰐魚が現れて、ワタツミの宮殿に連れて行く、という手の込んだ手順になっている。

このようにホヲリはワタツミのところに向かうことになるが、このワタツミという神がどういう神であるかというと、「トヨタマビコ」ともいう。オホワタツミのことを指すとも考えられるであろう。オホワタツミは、『古事記』や『日本書紀』別伝（第五段の第六書）の記述によれば、イザナキとイザナミの間に生まれた海を支配する神として位置づけられている。山の神オホヤマツミと並んで、地上の世界に住む国つ神の代表的な存在であり、さらに、オホヤマツミと同様に、天つ神の子孫の系譜に大きく関わることになる存在でもある。『古事記』や『日本書紀』別伝（第十段の第四書）によると、このワタツミは王《きみ》とも呼ばれていて、海中に壮大な宮殿を構えていたのである。

第一章・第五節の「海の世界――ワタツミの支配する世界」の項目で触れたように、このワタツミの宮殿はなぞにつつまれている。ホヲリは船や鰐魚（鰐）に乗って、その世界に行くのであるが、『日本書紀』の諸伝承によれば、それは海のなかにあるものと考えられる。ところが、その世界には海に接する浜があったり、泉や木があったりして、単に海の中そのものでもないようなのである。したがって、この世界は海を媒介にして広がる、地上の世界とは異なる陸地をともなった世界ではないかとも思われるのである。さもなければ、ホヲリはその世界に住むことはできなかったであろう。

しかし、そのような理解にも問題がある。というのも、その世界の住民というのは、ワタツミとその縁者を除いては、魚たちにほかならず、ワタツミの娘であるトヨタマビメの正体が和邇《わに》（鰐魚または鰐）であったということから知られるように、ワタツミとその縁者も本来はそのような異形の存在である可能性が考えられるからである。

これらの点を考慮するならば、この世界は、本来は魚たちが住む海中そのものなのであるが、神話においては、ホヲリがワタツミの宮殿を訪れるという話に対応して、地上の世界になぞらえて表し出されているのではないかとも考えられる。その真偽は不明であるが、いずれにせよ、ホヲリがこの世界にあるワタツミの宮殿に到着することで、新たな展開が始まるのである。

ホヲリのワタツミ宮殿訪問②――出会いと旅立ち

ホヲリがワタツミに実際に会うまでの経緯は、伝承によって記述の仕方が多少異なっているが、あらすじに関しては、大きな違いはないといえるであろう。したがって、ここでは、それらの伝承のなかでも、特に詳細な記述を展開している『古事記』の記述に基づいて、その神話の内容をたどることにしよう。

それによると、ホヲリは、シホツチの指示通りに、宮殿近くの井戸にある霊妙な香木《かつら》の枝に腰掛けた。すると、ワタツミの娘トヨタマビメに仕える召使いがワタツミの宮殿から出てきて、井戸から水を汲《く》もうとし、ホヲリに気づいた。その召使いは、ホヲリの麗しい姿を不思議と思いながらも、ホヲリが水を所望するので、もっていた器に水を汲んで、差し上げようとしたが、ホヲリは水を飲もうとはせず、身に付けていた玉をとって、口に含んでから、その器に吐き出した。口に含んだのは、玉に唾液を付けて呪力の効果を高めるためであったと思われる。(26) その効果により、玉は器に密着し、切り離すことができなくなってしまったのである。

召使いはやむをえずその器をそのまま宮殿に持ち帰り、その子細をトヨタマビメに話したが、トヨタマビメは不思議なことだと思って、直接見に行くと、ホヲリの麗しい姿にたちどころに魅了され、父にそのことを知らせた。そこで、ワタツミ自身もホヲリを見に行って、彼がアマツヒタカの子であるソラツヒタカであると見抜き、いくつも重ねた敷物に座らせ、たくさんの品物やご馳走を並べて、丁重にもてなした。そして、トヨタマビメをホヲリと結婚させたのである。

なお、「アマツヒタカ」という表現については、すでに本章の第一節で触れたので、それを参照してほしいが、それに続いて出てくる「ソラツヒタカ」（これについても「ソラツヒコ」という通例の読み方はとらない）という表現が注目される。『日本書紀』別伝（第十段の第一書）にも「ソラツヒコ」という表現がある。虚空《そら》を天《あめ》に準じたものとしてとらえ、アマツヒタカが統治者であるので、ソラツヒコをそれに準じた統治者の後継者のようにとらえられているのであろう。

ホヲリは岳父ワタツミと妻トヨタマビメに大切にされて、三年間のときを過ごした。しかし、そのような楽しい日々を過ごしながらも、ある憂鬱な思いが募ってきた。そもそもホヲリは、兄の釣り針をなくして、逃げるようにワタツミの宮殿にやって来たのであった。当然、兄は今でも怒っているにちがいない。このままここに永住してしまえば、兄と顔を合わせなくて済むであろう。しかし、ホヲリには地上の世界に戻りたいという望郷の念が募っていたのである。元の世界に戻るためには、どうしてもなくした釣り針を見つけなければならない。そのような苦悩のなかで、ホヲリは大きなため息をついた。

ホヲリのただならぬ様子に気がついたトヨタマビメはそのことをワタツミに知らせ、ワタツミはホヲリにため息をついた理由をたずねた。ホヲリが兄になくした釣り針の返還を迫られていたことを話すと、ワタツミは海にいるすべての魚を召集し、最近、釣り針が引っかかっている魚がいないかと聞いたところ、あるタイが喉《のど》に骨がささっていて、食事ができないと悩んでいるという報告があった。そこで、調べてみると、まさしくホヲリがなくした釣り針が引っかかっていた。ワタツミはそれを洗い清めて、ホヲリに渡す際にある助言をした。すなわち、ホヲリが兄に釣り針を返す際に呪文を唱えるよう助言したのである。その呪文とは「この釣り針は、ぼんやりした釣り針、荒《すさ》んだ釣り針、貧弱な釣り針、役に立たない釣り針」というものである。呪いをかけることでこの釣り針を使いものにならないようにして、兄を窮地に追い込もうとしたのである。

釣り針を再び手にしたホヲリは、やっと元の世界に帰ることになった。しかし、それは同時に、自分をさんざん苦しめてきた兄と対決することをも意味していたのである。

ホデリの服従と隼人の位置づけ

ホヲリは、一日で送り届けてくれるという一尋和邇に乗って、元の世界に戻った。そして、ワタツミから教えられた通りの呪文を唱えて、釣り針をウミサチビコ、すなわち、兄のホデリ（『日本書紀』本文ではホスソリのことを指す）にうしろ手で返した。うしろ手による動作は呪術的な行為を意味している。その釣り針に関しては、そのあとの記述に登場しないが、おそらくホヲリの呪いの力で役に立たなくなってしまったのであろう。海のサチを実質的に失ったホデリは、田を営んでもうまくゆかず、次第に貧しくなり、心が荒んでいった。

弟のホヲリの生活については特に記されていないが、おそらく水を司っているワタツミに支えられていたと思われ、豊かに実る田を営み、兄とは正反対に裕福になっていったのであろう。ホデリはそれを見て、妬ましく思い、富を横取りしようとして攻撃をしかけてきた。しかし、ホヲリにはワタツミからもらった強力な道具があった。それは塩みつ珠《たま》と塩ふる珠(27)という二つの珠である。塩みつ珠は海水で満たす力をもった珠で、塩ふる珠は海水を乾上がらせる力をもった珠である。ホデリが攻撃してきたときには、塩みつ珠を用いて、溺れさせ、苦しんで赦しを請うたときには、塩ふる珠を用いて、助けてやった。

そのような攻防をなんどか繰り返すうちに、兄のホデリは、弟のホヲリを到底打ち負かすことはできないと観念するようになり、屈服したのであった。そして、「わたしは今後、あなた様を昼夜守護する者となって、お仕えします」と述べ、今に至るまで、塩みつ珠の威力によって溺れたときの様子を演じながら仕えるようになったと、その神話は結んでいる。

以上の内容は『古事記』の記述に基づいたものであり、ここに出てくる「今に至るまで」という表現は、『古事記』が編纂された当時までということであろう。もちろん、これは、『古事記』が編纂された当時まで、ホデリがそのように仕えていたという意味ではない。『古事記』においてホデリは隼人の祖とみなされており、ホデリが溺れるときの様子を演じながら仕えるというのは、その子孫である隼人が朝廷の支配下に置かれ、朝廷に仕える様子について語っているのである。つまり、ホデリとホヲリのあいだに起きた事件で発せられたホデリの赦しを請うことばが、隼人にそのような役割を担わせるようになった理由として位置づけられているのである。

一方の『日本書紀』においても、複数の伝承で同じような内容が記述されている。たとえば、本文や別伝（第十段の第二書）では、ホスセリがホホデミ（すなわち、ホヲリのこと）の俳優《わざをき》の民や俳人《わざひと》になると述べている。この場合の俳優の民や俳人とは、技芸をおこなって、人に見せるということを意味しているが、ここでは特に狗《いぬ》の鳴き声をまねるなどの仕草をする者のことを指している。事実、隼人は天皇の宮殿付近に常駐して、代々、狗の鳴き声をあげて、警護の任についていたのである。

さらに、ほかの別伝（第十段の第四書）では、大嘗祭《だいじょうさい》の際に隼人がおこなっていた隼人舞についても詳細に記述している。隼人たちはふんどしを身につけ、手や顔には赤土を塗って、風変わりな舞を踊る。その舞とは、彼らの先祖として位置づけられるホスソリが弟のホホデミによって水攻めにされ、溺れ苦しむ様子を表しているといわれている。それは隼人が朝廷に隷属すべき存在であるという刻印を永遠に押されているかのようである。

前述したように、ウミサチビコとヤマサチビコの話は元々隼人に伝えられていた説話であったともいわれているが、もしそうだとすれば、『古事記』と『日本書紀』においては、その説話が天つ神の子孫と結びつけられ、隼人を隷属させる神話へと改変されていることになるであろう。前述した出雲神話におけるアメノホヒと同様に、征服者の意向に沿うよう仕立てられた神話は、ときに被征服者たちにとって耐え難い屈辱として表し出されることがある。

ウカヤフキアヘズの誕生とトヨタマビメとの離別

『古事記』の記述によると、ホヲリが地上の世界に戻ってしまったあと、その妻であるトヨタマビメがそのあとを追うように地上の世界にやってくる。それは、自分がホヲリの子を妊娠していることを告げ、そこで出産するためであった。『日本書紀』の数種の伝承では、ホヲリが地上の世界に戻る前に、トヨタマビメは妊娠していることを告げているが、いずれの伝承においても、出産は地上の世界においておこなわれることになっている。『古事記』ではその理由を、天つ神の子を海で出産するわけにはゆかないという点に求めている。

このようにして出産が始まるが、『古事記』や『日本書紀』の別伝（第十段の第一書、第三書）には、産屋の屋根を鵜《う》の羽根で葺《ふ》くという記述がある。周知のように、鵜は魚を口に含んで、容易に吐き出すことのできる鳥であるが、そのイメージが子を容易に産み落とすイメージと重ね合わせられて、鵜は安産の力をもつ鳥であるという観念が成立していたらしい。そのような背景があって、産屋の屋根を鵜の羽根で葺くという記述が出てきたのであろう。

トヨタマビメは出産にあたり、夫のホヲリに、自分が子を生む姿をけっして見ないでくださいと頼んだ。なぜそのように述べたのであろうか。これについては、『古事記』の記述のみがその理由を明示していて、しかも、トヨタマビメがそれをホヲリに告げている。つまり、トヨタマビメはホヲリ同様、人間のような姿をとっているが、実は海の世界に生きる住人として、それとは異なる本来の姿があった。そして、異なる世界の住人は出産する場においては、その世界における本来の姿に戻らなければならなかったのである。しかし、このようにいわれても、ホヲリは、いったいどのような姿になるのかという好奇心に駆られて、出産の場面をのぞき見してしまう。その姿とは、大半の伝承では、大きな和邇《わに》（ただし、この場合の「和邇」はワニかサメのことであるという）となっており、『日本書紀』本文のみは龍となっている。

見られたことを知ったトヨタマビメは羞恥心とホヲリの裏切りに対する怒りの気持ちから、子を置き去りにして、すぐさま海に戻ってしまった。『日本書紀』の別伝（第十段の第四書）によると、この出来事によって、これまで通じていた陸と海の世界が完全に分断されてしまったと述べ、陸と海の分断に対して神話的な解釈を与えている。

生まれた子は、伝承によっては、草にくるんで渚に捨て置かれたとも、あるいは、トヨタマビメがそのまま放置するのは忍びないと思い、妹のタマヨリビメを遣わして、ホヲリのもとに送らせたともいわれるが、この子は、鵜の羽根で屋根を葺き終わっていないときに産気づいて生まれたこと、渚に捨て置かれたことなどから、「ナギサタケウカヤフキアヘズ」と名づけられている。

子は無事に生まれたものの、ホヲリとトヨタマビメは、陸の世界と海の世界という形で永遠に離別することになってしまった。しかし、『古事記』には、離別のあとにトヨタマビメとホヲリのあいだで交わされた歌が伝えられている。すなわち、トヨタマビメは「赤玉は　緒《を》さへ光れど　白玉の　君が装《よそおひ》し　貴くありけり」（赤い珠は、それを貫くひもさえ光っているが、白玉のようなあなたの姿はそれにもまして貴いものです）という歌を送った。それに対して、ホヲリは「沖つ鳥　鴨著《つ》く島に　我が率寝《ゐね》し　妹《いも》は忘れじ　世のことごとに」（沖にいる鳥が寄りつくあの島で、わたしがいっしょに寝たあなたのことを、一生忘れることはあるまい）という歌を返した。これらの歌には、離別せざるをえなかったが、お互いが今も慕いあっている心情が示されている。なお、同様の歌のやりとりが『日本書紀』の別伝（第十段の第三書）にも見られるが、そこでは、和歌の順序が逆になり、かつ、和歌の内容も若干異なる形で伝えられている。

再び日向神話について

『古事記』と『日本書紀』の神話の末尾を飾る日向神話もいよいよ終わりに近づいた。そのことは同時に、日本の成り立ちについて語る神話が、神を主人公とする時代から人間を主人公とする時代へと移りゆくことをも意味しているのである。

日向神話は「日向三代神話」ともいうが、第一節でも指摘したように、ウカヤフキアヘズの足跡に関する伝承はほとんど見いだせない。ウカヤフキアヘズについてわたしたちが知りうることは、これまでに触れた誕生の際のエピソード、トヨタマビメの妹で養育係として陸の世界に留まったタマヨリビメと結婚したこと（つまり、叔母と結婚したこと）、そして、亡くなった場所と葬られた場所に関する記録的な記述にとどまっている。それだけをもって、ウカヤフキアヘズという存在をイメージすることは難しいであろう。

日向神話についてこれまで紹介した神話では、そこに登場する神が人間的な雰囲気に満ちあふれていた。それはけっして人間の尊大さを誇示するような描き方ではなく、あくまでもごく普通の等身大の人間を描いているように思われる。ホノニニギの場合、見た目の美醜のみで、コノハナノサクヤビメとだけ結婚して、イハナガヒメを突き返してしまい、さらに、一夜で身ごもったコノハナノサクヤビメの子を自分の子でないと疑った。伝承によっては、妻のいうことを信じなかったことが、妻との別離という事態を招いてしまったという。さらに、ホヲリの場合、なくした釣り針を返せという兄の無理な要求に泣き悲しんでいたが、ワタツミの手助けで、それをうち負かした。しかし、好奇心に駆られ、見てはならない妻トヨタマビメの本来の姿をのぞき見てしまい、妻に去られてしまった。

これらの神話を通じて感じられることは、神は人間をかけ離れた、完全無欠な存在なのではなく、神もまた人間と同様に、喜び、苦しむ存在であるということである。そして、イザナキが妻イザナミを失って嘆き悲しむ様子や、スクナビコナに去られて、オホクニヌシが国作りの前途を悲観して嘆く様子が描かれており、さらには、ホヲリが好奇心に駆られて、妻の正体を見てしまった神話が、イザナキが黄泉つ国で明かりを灯して、妻の正体を見てしまった神話とほとんど同じ筋書きになっている点からすると、神々に対するこのような描写の仕方は、けっして日向神話にかぎられたことではなく、日本神話全般においても指摘できる特色といえるであろう。

しかし、『古事記』と『日本書紀』の神話は、ホノニニギやホヲリについての神話を単に人間的な神々の物語という形だけで語っているわけではない。なぜなら、ホノニニギ、ホヲリ、ウカヤフキアヘズという三代の系譜――『古事記』の用語でいえば、アマツヒタカの系譜――は、代替わりをするごとに、確実にその力を増大させた存在へと成長しているからである。

すなわち、ホノニニギは山の神であるオホヤマツミの娘と結婚し、ホヲリをもうけた。それは、アマツヒタカの系譜が山を支配するオホヤマツミの支持を取り付けたことを意味しているであろう。さらに、ホヲリは海の神であるワタツミの娘と結婚し、ウカヤフキアヘズをもうけた。それは、アマツヒタカの系譜が海を支配するワタツミの支持を取り付けたことを意味しているであろう。高天原から地上の世界に天くだりしてきたアマツヒタカは、山の神と海の神という代表的な国つ神の支持を取り付けることで、地上の世界を支配する存在へと成長していった。このことこそ『古事記』と『日本書紀』の神話が日向三代において描きたかった基本的な構想といえるのである。

ウカヤフキアヘズには四柱の子があった。その子の名前や兄弟の順番など、伝承によってかなり相違がある。そのなかで、「ワカミケヌ」、「トヨミケヌ」、「カムヤマトイハレビコ」、「サノ」、「イハレビコ」、「カムヤマトイハレビコホホデミ」、「イハレビコホホデミ」などと、多く異名が伝えられている子こそ、神の代と人の代をつなぐ神武天皇である。

第五章　『風土記』の神話

日本神話というと、わたしたちは『古事記』や『日本書紀』に記された神話を想起するであろう。そして、『古事記』や『日本書紀』に記されているという理由をもって、「日本神話ではこのように説かれている」とか、「これが日本神話の特色である」と指摘する場合が多い。本書にもそのような傾向が多分にあることは否めないであろう。しかし、『古事記』や『日本書紀』だけに神話記述があるわけではなく、それ以外の文献にも様々な神話が伝承されている。それらの伝承では、同一、あるいは、同一と推測される神でありながら、『古事記』や『日本書紀』の記述とはまったく異なる形で活躍する神々の姿や、『古事記』や『日本書紀』の記述にはまったく登場しない神々の姿も描かれているのである。日本神話を理解するうえで、この事実は無視しえないものであろう(1)。

したがって、『古事記』や『日本書紀』のような、いわば朝廷、あるいは、朝廷寄りの神話だけでなく、地域に密着した神話や特定の氏族に伝えられている神話などにも注目し、日本神話をできるだけ多元的な視点からとらえてゆくことも大切であろう。そのような視点に立って、本章では特に『風土記』に注目し、そこで描写されている神話を考察することにしたい。

一　『風土記』について

編纂の経緯

大化の改新（大化元年、六四五年）、国際的な紛争である白村江《はくすきのえ》の戦い（天智天皇二年、六六三年）、さらには、壬申の乱（天武天皇元年、六七二年）という国家を揺るがすような動乱を潜《くぐ》り抜けてきた朝廷は、律と令という法律に基づいた国家の建設に突き進んでいった。いわゆる律令国家体制の確立である。そして、この律令国家体制の構築にある程度成果をあげつつあった朝廷は、地方諸国の状況にも関心をもつ余裕が出てきたものと思われる。それをうかがい知ることができるのが、『続日本紀《しょくにほんぎ》』に記録されている和銅六年（七一三年）に発せられた命令である。その命令とは、地方諸国につぎのような五項目について報告を求めるものであった。

（一）畿内七道の諸国の郡《こおり》、郷《さと》に好い字をつけること。
（二）郡内で産出される鉱物、植物、動物、魚類、昆虫などを記録すること。
（三）土地の肥沃状態を記すこと。
（四）山川原野の名前の由来を記すこと。
（五）古老が伝える旧聞異事（昔の話や不思議な出来事）を記すこと。

これらの五項目について報告を求めるということは、地方諸国の地理、産物、伝承といった情勢全般について調査するという意図をもっていたからであるといえるが、地名に対する改名や土地の肥沃状態についての調査が含まれている点からもうかがえるように、将来的にはおそらく地方諸国全体の整備計画や課税計画の資料として役立てることを念頭においたものといえるであろう。このような要請を承けて、地方諸国では、朝廷から任命、派遣された国司を中心にして、上申書[2]が編纂されるようになった。そして、編纂作業を経て、朝廷に相次いで提出されたのが、のちに『風土記』と呼ばれるようになったものである。

『風土記』というと、その書名から、叙情豊かな地方諸国に関する地誌のようなものを連想しがちであるが、実際の『風土記』は、地方官僚が作成した上申書という公的な性格を強くもつものであった。ただし、上申書とはいっても、おそらくその地方諸国の事情や編纂者の編集方針の違いなどが反映されており、たとえば、地名の由来に重点を置いているもの、古老の伝承に重点を置いているもの、特産物の列挙に重点を置いているものなど、右にあげた(一)～(五)の項目に対する扱い方も多様であったのである。

諸国の『風土記』

『風土記』と呼ばれる上申書を受け取った朝廷はおそらくこれらを行政のための資料として利用したと推測される。ところが、理由ははっきりしないが、『風土記』はかなり早い時期に散逸してしまったらしい。また、各国には朝廷に提出した上申書の控えが保管されていたと思われるが、それもほとんど現存していないのである。『風土記』で現存しているのは播磨《はりま》、出雲、豊後《ぶんご》、肥前、常陸の五ヶ国の『風土記』にすぎない。しかも、これらの五書のうちで、完本として残っているのは『出雲国風土記』だけにすぎず、それ以外の『風土記』の場合、欠けている部分や省略されている部分が見いだされ、完全なものとはいえないのである。

さらにいえば、完本とされる『出雲国風土記』についても、現在伝わっている『出雲国風土記』の完成年が天平五年（七三三年）で、和銅六年に出された命令から二十年も経って提出されている点、さらに、ほかの『風土記』とは異なり、編纂者が国司ではなく、国造《くにのみやつこ》（国司の制度が始まる以前に、朝廷が地域の有力な豪族をその地域の統治者として任命した際に与えた役職）を世襲していた地域の有力豪族の出雲臣《いづものおみ》である点など、不可解な部分がある。そのため、『出雲国風土記』は国司によって作成され、提出されたものの、なんらかの理由で別の編纂者、すなわち、出雲臣によって再度作られて、それが現在伝わっているものなのではないかという再撰の可能性も指摘されている。[3]なお、省略部分が多い『常陸国風土記』についても再撰の可能性を認める指摘があるようである。[4]

このように、各国から提出された『風土記』の大半は散逸してしまったが、いくつかの国々の『風土記』については、ほかの文献などに引用されている場合があって、そこから元の文章をある程度回収することができる。このようにして回収された文章は従来「逸文《いつぶん》」と呼ばれている。この逸文が現存するのは二十数ヶ国の『風土記』についてであり、[5]前述した『播磨国風土記』のように、現存してはいるが、欠損部分があるような『風土記』についても、その欠損部分をある程度補うことが可能になっている。

ところで、この逸文を『風土記』の資料として加えたうえで注目されるのが、九州諸国の『風土記』である。従来指摘されているところによれば、前述した豊後と肥前の『風土記』と九州に関係する『風土記』逸文について、内容的、表現的な相関関係から、甲類と乙類の二種類に大別することができるという(6)。

甲類は、行政区分として「郡」という語を使用し、地名などの表記が『日本書紀』の記述に一致している。この甲類に該当するのは、豊後と肥前の『風土記』と、逸文に残るほかの九州諸国の『風土記』である。これに対して、乙類は、行政区分として「県《あがた》」という語を使用し、地名などの表記に難字が使用される傾向が高いという。この乙類に該当するのは、九州全体についてまとめた『筑紫風土記』であるとされている。両者の時代的な前後関係については諸説があって明確ではないが、甲類に属する『風土記』はおそらく同一過程を経て編纂され、乙類は九州地域を一国のように扱って、大宰府で編纂されたのではないかと推測されている。

さらに、この逸文以外にも『風土記』の一部として伝えられている断片が多数存在している(7)。しかし、和銅六年の命令によって編纂された『風土記』とは別に、延長三年（九二五年）の『風土記』再提出命令によって編纂された『風土記』もあって（こちらの『風土記』を「延長風土記」、それ以前の『風土記』を「古風土記」と呼んで区別する場合がある）、それらの断片がどちらの『風土記』に該当するのか判断するのが難しい。本章では、所属がはっきりしないこの断片の記述を除いて、前述した五ヶ国の

『風土記』と『風土記』逸文を考察の対象として取り上げたいと思う。

『風土記』における神話への言及

すでに述べたように、『風土記』は和銅六年の命令で示された五項目についての上申書であるが、そこには神話に対する言及が見いだされる場合がある。この『風土記』のなかで、本章のテーマである神話に対する言及がどのような形で出てくるのか、その点を簡潔に説明しておこう。

まず五項目のなかで神話に関する言及が見いだされるのは、畿内七道の諸国の郡、郷に好い字をつけるという第一項目、山川原野の名前の由来について記すという第四項目と、古老が伝える旧聞異事という第五項目の三つに集中しているといってよい。すなわち、第一項目では、元々そのような名前がついていた地名の由来や字をあらためる理由を述べる際に神話に言及する場合があり、第四項目では、山川原野の名前にもそのような名前がついた理由を述べる際に神話に言及する場合があり、第五項目では、古老のいい伝えとして、神話そのものが語られる場合があるのである。

「逸文」と呼ばれる断片的な文章では、全体におけるウェートが分からないので、ここでは全体像が分かる五ヶ国の『風土記』についてのみ指摘すると、神話への言及はそれぞれの『風土記』においてかなりの違いが見られる。そして、あくまでも相対的にではあるが、神話に対する言及が多いものと少ないものとに対比させることが可能であろう。

そこで、もっとも神話への言及が多いものとしては『出雲国風土記』があげられる。『出雲国風土記』の場合、神話への言及だけにとどまらず、前記の五項目のどれにも該当しない形で――つまり、報告を必ずしも求められているわけではないにもかかわらず――、出雲国内における神社の数と、郷ごとに多くの神社名が列挙されている。『出雲国風土記』では、単に神話というだけではなく、神々という存在のウェートがかなり大きいといえるのである。

それと対照的なのが『豊後国風土記』であろう。この『豊後国風土記』では、「土蜘蛛《つちぐも》」と呼ばれる土着民の征圧を中心に、天皇の治績に関する記述が大半を占めている。その点では、同じ九州の『肥前国風土記』と類似しているが、『豊後国風土記』の場合、神話への言及がまったく見いだされない。筆者の調べたかぎり、そもそも神に対する言及が皆無に等しいのである。このような記述の仕方は『出雲国風土記』と比較すると大きな違いでもあるし、神話への言及をまったくおこなわずに、その地域の情勢について語るということは、あえてそういう言及を避けるという編集者の意図さえ感じさせなくもない。

なお、逸文として伝わる『風土記』の断片的文章にも神話に言及しているものが多数存在している。そのなかには、元々は山の神であるオホヤマツミを海に関わる渡航神として位置づける記述やのちにスサノヲとも同一視されるようになる疫病神の受容に関する記述など、日本における神信仰の展開を知るうえで重要な資料も含まれているのである。

このように、逸文という断片的な文章を含む、ほとんどの『風土記』において神話に対する言及が見いだされるが、その言及の仕方にはかなりの違いが見いだされる。そのような違いが現れる要因を神話が生活に根づいているのかどうかという地域の精神的な風土に求めるか、あるいは、神話記述を重視するかどうかという編纂者の判断に求めるかなど、様々なことが想定できるであろうが、それを確定する手がかりはあまりない。ただし、『出雲国風土記』の場合、編纂者が出雲臣という地域の有力豪族で、出雲国造として、祭祀権を掌握していた存在であるので、この出雲臣によって編纂された『風土記』が神話と神社について豊富な記述を含んでいるのは当然のことと思われる。これは編纂者の判断が反映されている事例としてとらえることができるであろう。

いずれにせよ、各々の『風土記』に記された神話記述を読み解くことで、各地域に根ざす神話の存在や日本の神話を横断する共通した思考パターンを探求することが可能になるのである。

出雲神話と『出雲国風土記』の神話

「出雲神話」といういい方があるように、出雲の神話は独立性をもった神話として位置づけられてきた。『古事記』と『日本書紀』においても、スサノヲとオホクニヌシを主人公とする神話は、アマテラスを中心とする高天原《たかあまはら》神話とは明らかに違う性格をもつ神話ととらえられてきたのである。

ところが、『古事記』と『日本書紀』において出雲神話として描写されている神話と出雲地域で受け継がれてきた出雲神話を比較すると、多くの違いを見いだすことができる。この違いが生じた理由として、朝廷が『古事記』と『日本書紀』の神話を編纂する際に、自らの主張に都合のよい形で、出雲神話に改変を加えていった可能性が考えられるであろう。以下では、その違いを特に意識しながら、

『出雲国風土記』に見いだされる神話記述のなかでも、特に注目される四点について取り上げることにしよう。

第一は、「大神《おほかみ》」と呼ばれる四神が登場している点である。この四神とは、天《あま》のしたつくりましし大神オホナモチ、サダの大神、クマノの大神、ノギの大神のことである。

ここに登場するオホナモチは、『古事記』と『日本書紀』の神話に出てくるオホナムヂやオホアナムチに相当する存在であろう。『古事記』でもオホナムヂの国づくりについての詳細な描写があり（ただし、『日本書紀』本文はそれにまったく言及していない）、オホナムヂが地上の世界を切り開いた神であるということを認めているが、『出雲国風土記』では、このオホナモチに対して、つねに「天のしたつくりましし大神」という重々しい形容を付加していて、オホクニヌシの国土開拓神としての性格を特に強調している点が注目される。それ以外の三神は『古事記』と『日本書紀』の神話には出てこない出雲の地方神と考えられるが(8)、サダの大神については、ホノニニギの天くだりの際に先導の役を果たしたサルタビコであるという説もある。

「大神」という表現は、『古事記』と『日本書紀』の神話にも見られるもので、神のなかでも特に高い神格をもった神を意味すると考えられる。したがって、そのように呼ばれる例は、重要な神々にかぎられているのであるが、ここでは、『古事記』と『日本書紀』に登場しない神々にまでも「大神」という尊称が付加されている。これらの神々が「大神」と呼ばれるのは、おそらく『出雲国風土記』の編纂者であり、かつ、出雲における祭祀権を司っていた出雲臣にとって、重要な存在として位置づけられていたからであろう。

第二は、スサノヲの性格づけが『古事記』と『日本書紀』の神話と大きく異なっている点である。スサノヲは温和な神として位置づけられ、『古事記』と『日本書紀』の記述に見られるような荒々しさや勇敢さも描写されていない。驚くことに、有名なヤマタノヲロチを退治する英雄神話も出てこない。『出雲国風土記』を見るかぎり、スサノヲを出雲神話の代表的な神とみなす観念は崩れてしまいかねないのである。

第三は、『古事記』と『日本書紀』における出雲神話で登場する神々の大半が『出雲国風土記』では記述されておらず、仮に記述されていたとしても、『古事記』や『日本書紀』とは大きく異なる形になっている点である。たとえば、『古事記』と『日本書紀』の神話では、オオクニヌシに代わって、その息子のコトシロヌシとタケミナカタが国譲りについて返答するが、『出雲国風土記』にこの二神は登場していない。また、オオクニヌシの子であるアヂスキタカヒコネは『古事記』と『日本書紀』の神話だけでなく、『出雲国風土記』の神話にも登場するが、両者の記述に共通点をまったく見いだすことができないのである。なお、アヂスキタカヒコネの伝承については、第二節であらためて触れることにしたい。

第四は、『古事記』と『日本書紀』における出雲神話では、スサノヲを中心にした出雲系の神々の神統譜（すなわち、神の家系図のようなもの）が示されているが、『出雲国風土記』にはそのような記述が見いだされない点である。『出雲国風土記』を見るかぎり、スサノヲとオホナモチは特定の関係をもっておらず、スサノヲとヤツカミヅオミヅノ(9)の親族関係も明示されていないのである。

以上のように、『出雲国風土記』の神話は、『古事記』と『日本書紀』における出雲神話とはまったく異なる形で記述されているのが特色である。それは見方を変えれば、出雲神話を伝承する当事者である出雲臣が、朝廷の思惑によって生み出された出雲神話に対抗して、本来の出雲神話を示そうとする意図があったのではないかと推測することもできるであろう。

二　『風土記』の主な神話記述（一）

以下の第二節と第三節では、『風土記』に見いだされる神話記述のなかで主なものについて具体的に考察することにしたい。まずこの第二節では、特に前述した現存する五ヶ国の『風土記』の神話記述を扱うことにしよう。

『播磨国風土記』における地名由来の神話

『播磨国風土記』はほかの『風土記』と比べて、編纂の仕方がかなり特徴的であるといえる。というのも、その記述のほとんどが地名の由来を説明する話で埋め尽くされているからである。なぜそのような記述に終始したのか、その理由ははっきりしないが、この地名の由来を説明する話のなかに、多くの断片的な神話記述が含まれているのである。ここでは、地名由来の神話のうち、特に興味深い一つの神話を紹介しよう。

この神話にあえて表題をつけるならば、「十四丘の神話」とでも名づけられるであろう。それは、播磨国餝磨《しかま》郡伊和の里という場所に十四の丘があり、その丘の名前の由来を神話的に説明するというものである。ここで登場する神はオホナムチとホアカリの二神で、両者は親子として位置づけられている。ただし、このホアカリは、第四章の第一節で述べたように、『古事記』では、アマノホアカリに相当し(10)、このアマノホアカリは、アマテラスの命令で葦原《あしはら》の中つ国に天くだったホノニニギの兄と位置づけられており、また、『日本書紀』本文では、ホアカリはホノニニギの子と位置づけられている。いずれにしても、『古事記』と『日本書紀』の記述からすれば、天《あま》つ神にほかならないホアカリが、国つ神の代表で、のちにタケミカヅチノヲに屈服して、国土を譲渡したオホナムチの子であるというのは、いかにも奇妙な取り合わせといえるであろう。

それはともかくとして、オホナムチは日頃から、わが子ながら、ホアカリの激しやすい性格や行動に手を焼いていた。そこで、いっしょに山へ水汲《く》みに行くときに、すきを見て、ホアカリを置き去りにしようと考え、それを実行にうつした。ホアカリに水を汲ませている最中に、自分は船を出して、逃げてしまったのである。

水を汲んで、帰ってきたホアカリは父が船に乗って立ち去ろうとしているのを見た。自分を置き去りにしようとしたことに気づいたホアカリは、逃げようとする父に対して怒りをあらわにし、その激しやすい性格は荒れ狂う風波を引き起こした。その風波とともに追いかけてくるホアカリを目前にして、オホナムチの船はあっという間に動けなくなり、完全に打ち壊されてしまった。

そのあと、オホナムチはこの出来事を思い出しながら、妻に「悪い子から逃れるために、風波にあい、ひどく苦しんだものだ」と述べたのであった。神話自体はこれだけの内容にすぎないが、『播磨風土記』の編纂者はこの話の合間に地名の由来話を挿入しようとする。

すなわち、この出来事にちなんで、その丘は「船丘」や「波丘」と呼ばれるようになったと説明し、おそらく船の積み荷と思われる琴、箱、梳匣《くしげ》、箕《み》、甕《みか》、稲、甲冑《かっちゅう》、沈石《いかり》、綱、鹿、犬、(11)蚕が、激しい震動で船から落ちた場所はそれぞれ「琴神丘」、「箱丘」、「匣《くしげ》丘」、「箕形《みかた》丘」、「甕丘」、「稲牟礼《いなむれ》丘」、「冑《かぶと》丘」、「沈石丘」、「藤丘」、「鹿丘」、「犬丘」、「日女道《ひめぢ》丘」と呼ばれるようになったと説明している。さらに、オホナムチが苦しめられたことにちなみ、この場所は「酷塩《からしほ》」や「苦　斉《くるしみのわたり》」と呼ばれるようになったとも説明している。このように、合計十四の丘の名前の由来が明らかにされているのである。短い神話のなかに、異常ともいえるほどに、地名の由来を盛り込もうとするアンバランスさが、この神話をより一層、興味深いものにしているように思われる。

国引き神話

狭い国土を広くするために、神がほかの国土を綱で引き寄せてくるという、いわゆる国引き神話はよく知られているであろう。しかし、このタイプの神話は『古事記』と『日本書紀』にはまったく見いだされないものである。祈年祭《としごひのまつり》の祝詞に「遠き国は八十《やそ》綱うちかけて引き寄する事」と、国引きをする記述が見いだされるので、国を引くという形で国土の形成をとらえるような発想は広く存在していたのであろうが、国引き神話といえば、『出雲国風土記』に出てくるヤツカミヅオミヅノによる国引き神話のことを指しているのである。

このヤツカミヅオミヅノという神は『出雲国風土記』の別のところに出てくるオミヅノという神と明らかに同一と考えられる。そして、この「オミヅノ」という名は『古事記』においてスサノヲの子孫として位置づけられている「オミヅヌ」とも名称が酷似しており、単なる偶然とはいえないであろう。しかしながら、『出雲国風土記』を見るかぎりにおいては、ヤツカミヅオミヅノをスサノヲやオホナモチと結びつけるような記述は見出されない。

このヤツカミヅオミヅノがどういう神であるかというと、その神名は、「ヤツカ」（深い）＋「ミヅ」（水）＋「オ」（大きい）＋「ミヅ」（水）＋「ノ」（主）と解釈でき、大水を神格化した神と思われる。大水は土砂を運んで、陸地を作る役割を果たす。その意味で、国土生成の神と考えられたのであろう。この神は、出雲にとってきわめて重要な存在として位置づけられている。というのも、『出雲国風土記』が語っているように、そもそも「出雲」という地名は、この神が述べた「八雲立つ」ということばに由来しているとされているし(12)、出雲という国土も事実上、この神が国引きによって作り出していったものだからである。

ヤツカミヅオミヅノの国引き神話がどういうものであるか、その概要について示そう。そもそもこの神話は「意宇《おう》」という郡名の由来について語る記述で登場している。出雲の国土が狭いと感じたヤツカミヅオミヅノは、ほかの国土で余っている部分を探し、それを切り取って、出雲に縫いつけることを思い立つ。そして、志羅紀《しらき》の岬、佐伎《さき》の国、波良《はら》の国、(13)高志《こし》の都都《つつ》の岬という四つの地に余っている国があるのを見つけ、それらに太い綱を引っかけて引っ張り、出雲の国に縫いつけ、二度と離れないように固定していったのである。その各々が支豆支《きづき》の御埼《みさき》、狭田《さだ》の国、闇見《くらみ》の国、三穂の埼《さき》(14)となった。このようにして、満足のゆく出雲の国ができあがり、その地に杖を突き立て（これは土地の占有を示す動作といわれている）、「オウ」という喜びの叫びをあげた。その叫びの声が「意宇」という郡名の由来であるというのである。

以上が国引き神話の概要である。ここではその内容を大まかに示したにすぎないが、四つの国引き話は、同じ表現を繰り返すという形で、実にリズミカルに描写されており、物語としての完成度も高いものになっている。なお、この神話の特筆すべき点として、二つのことがあげられるであろう。

その第一は地理的な問題である。縫いつけられた部分を順に見てゆくと、島根半島が西から東へと形成されていったことになる。これについては従来、島根半島は元々本州に平行していた島々で、それが土砂の堆積で、西から徐々に本州と一体化していったという記憶が神話に反映されているのではないかという指摘がされている。(15)

第二は『出雲国風土記』におけるこの神話の位置づけについてである。『風土記』は、国内の様々な地域の情勢について簡潔に報告するという構成上の制約から、神話への言及も断片的な形にとどまっている場合が多い。しかし、国引き神話の場合、地名の由来を説明することと結びつけられているものの、それにとらわれず、出雲という国の成り立ちについて、かなりの分量をともなった神話になっている。それは、『古事記』と『日本書紀』の国作り神話にも匹敵する国土創造神話になっているといえるのである。

アヂスキタカヒコの神話

アヂスキタカヒコ（伝承によって、「アヂスキタカヒコネ」、「アヂシキタカヒコネ」という名で登場する場合もある。ここでは『出雲国風土記』で表された名を用いることにする）はオホナモチの子で、『古事記』と『日本書紀』の神話と『風土記』の神話の両方に登場している神である。しかし前述したように、両方に登場していても、記述内容が異なっている場合が多い。このことはアヂスキタカヒコについてもそのまま当てはまるのである。

『古事記』と『日本書紀』の神話では、アヂスキタカヒコはアマノワカヒコの親友で、しかも、姿もよく似た神として登場する。タカミムスヒが返した矢によって殺されてしまったアマノワカヒコを弔うため、葬儀の場を訪れるが、その姿を見たアマノワカヒコの父や妻は、アマノワカヒコが生き返ったのだと喜んだ。しかし、けがらわしい死者とまちがわれたアヂスキタカヒコは激しく怒り、剣で喪のための建物を粉砕してしまうのである。また、『古事記』の別のところでは、この神を「迦毛大御神《かものおほみかみ》」と呼んでおり、アマテラスやイザナキなど、きわめてかぎられた神にのみ用いられる「大御神」という最高級の敬称で呼んでいるのが注目される。

これに対して『風土記』の場合はどうであるかというと、アヂスキタカヒコに関する記述は『出雲国風土記』にもっとも多く出ており、『播磨国風土記』や『土佐国風土記』逸文にもそれぞれ一ヶ所見いだされる。しかし、すべての『風土記』において、『古事記』と『日本書紀』に見いだされたようなアマノワカヒコに関連する神話は記されていないのである。

ここでは、これらの『風土記』に記述されているもののなかでも、特に『出雲国風土記』のなかに出てくる一つの神話を選んで、紹介することにしたい。それは「三沢」という地名の由来に関わる神話で、あらましはつぎのようなものである。

アヂスキタカヒコは、昼夜を問わず、ひげが八握《やつか》、すなわち、握りこぶし八個分の長さになるまで泣きつづけ、そして、ことばも話せなかった。父のオホナモチはその子を船に乗せ、島々に連れていったりしたが、子の様子に変化はなかった。そこでオホナモチが、その子が泣きつづける理由を教えてくださいと、夢でのお告げをお願いしたところ、その夜の夢で、子がことばを話せるようになっているのを見た。そこで目覚めて、子に泣きつづける理由を問うと、「御沢《みさは》」と答え、さらに父を御沢のある地に案内した。父はその沢の水を浴びて、体を清めた。そのような由来で、その地域は「三沢」と呼ばれるようになったという。

この神話では、アヂスキタカヒコが大泣き虫として位置づけられているが、これは、この神話にかぎらず、『出雲国風土記』のほかの神話に共通する描写の仕方である。

アヂスキタカヒコの「スキ」は金属製の鋭利な刃をもつ農耕具のことを指していると思われるが、

それは同時に太刀をも連想させるであろう。そしてさらに、太刀はその光と威力によって、しばしば雷と結びつけられる場合がある。『古事記』と『日本書紀』の神話で、アヂスキタカヒコが太刀によって喪屋を粉砕したのは、実は雷のもっている激しさを表すものでもあったととらえることができるのである。『出雲国風土記』にはこの弔問の神話は出てこないが、アヂスキタカヒコについては、大泣き虫であるという描写があって、これは暴風雨を連想させるし、暴風雨はさらに雷を連想させるであろう。

『古事記』と『日本書紀』の神話で、手のつけられない大泣き虫の役割を与えられていたのは、暴風雨神でもあるスサノヲであったが、それに対して、『出雲国風土記』では、スサノヲは温和な農耕神として位置づけられており、暴風雨神という性格はこのアヂスキタカヒコが担っていたと考えられるのである(16)。

福慈岳と筑波岳の神話

『常陸国風土記』には、福慈岳《ふじのやま》(現在の富士山)と筑波岳(現在の筑波山)という二つの山にまつわる神話が出てくる。ここでは、それを取り上げることにしよう。その神話はつぎのようなものである。

あるとき、神祖《みおや》の神が多くの神々のところをめぐり歩き、ちょうど福慈岳のところで日が暮れてしまった。そのため、子である福慈岳の神のもとに今夜泊めてもらおうとした。ところが、福慈岳の神は、「今夜は新嘗《にひなへ》の祭祀をおこなっていて、物忌みのため家籠《ご》もりをしているので、泊めることはできません」と断った。断られた神祖の神は、恨み泣き、親を泊めようとしない福慈岳の神に対して、福慈岳は一年中、雪と霜が積もり、絶えず寒さが襲い、人々はこの山に登らず、飲食物を供える者はいないであろうと呪った。

そしてそのあと、同じく子である筑波岳の神に宿を頼んだ。筑波岳の神の方は、「新嘗の祭祀をしていますが、親の希望に逆らうことはしません」と、飲食物を用意して、丁重にもてなした。そのもてなしに感激した神祖の神は、筑波岳を神の山として讃え、この山には人々が絶えず登り集い、永遠に栄えてゆくであろうとその将来を約束した。このような出来事があって、今でも、福慈岳は雪がいつも積もっていて、登ることができないのに対して、筑波岳は多くの人々がやって来て、飲食物のお供えも絶えることがないというのである。

このように、現在の富士山と筑波山という日本人にとって身近に感じる二つの山を題材にした神話であるが、この神話で特筆すべき点としてつぎの三つをあげることができる。

第一は、民間でおこなわれていた新嘗の祭祀について知ることができる点である。新嘗とは、新穀を神に捧げることで、収穫を感謝する祭祀である。通常、新嘗といえば、天皇がおこなう重要な祭祀の一つである新嘗祭《にいなめさい》（即位した天皇がはじめておこなう一世一代の新嘗祭は「大嘗祭《だいじょうさい》」と呼ばれ、きわめて重視される祭祀である）が連想されるが、民間においても新嘗の祭祀はおこなわれていた。この神話でも描かれているように、祭主（民間における新嘗の祭祀は女性がおこなう。したがって、福慈岳の神と筑波岳の神は女神であったと考えられる）が斎戒《さいかい》（心身を清めること）、物忌みをして、家に籠もる。その祭祀をおこなっているあいだは、だれも近づけてはならないとされていて、祭主は、神を迎え、その神に新穀を供え、夜通しで祭りつづけるのである。

第二は、この神話に出てくる神祖の神が来訪神的な性格を帯びている点である。この神は各地をめぐり歩きつづける神として描かれている。古代の日本人は、集落の外からこのような神が来訪してくること、そして、その神を丁重にもてなすことで、自分たちの生活が祝福されるという宗教的な観念をもっていた。この神話における筑波岳の神は、来訪神を丁重にもてなすことで、祝福されたと考えられるのである。

ところで、この神話の場合、来訪する神が同時に親でもあるとされているが、前述のように、新嘗の祭祀は、物忌みして神を迎えるということを含んでいた。そして、そこで迎えようとしている神とは、通常は集落、あるいは、一族に恵みをもたらしてくれる土地神や先祖神なのであった。とするならば、福慈岳の神と筑波岳の神が、新嘗の祭祀で到来を待っていた神の正体とは、結果的にいえば、両神の親である神祖ではなかったのか。そのように解釈することもできるであろう。したがって、新嘗の祭祀で到来した神祖の神を、新嘗の物忌みを理由に拒絶した福慈岳の神は、飲食物の喪失、すなわち、収穫の恵みを断たれることになり、筑波岳の神は神祖の神を丁重にもてなしたために、収穫の恵みが約束されたことになる。第三の特筆すべき点は、このように、新嘗の祭祀の内実という観点からこの神話を読み解くことも可能であるということである。

姫社の神話

これは『肥前国風土記』に出てくる神話で、「姫社《ひめこそ》」という地名の由来を説明する話になっている。そのあらすじはつぎのようなものである。

山道川《やまぢ》という川の西方に荒々しい神がいて、その神が祟って、そこを通行する半数の人を殺してしまった。祟る理由を占ってみると、「筑前国宗像《むなかた》郡の人であるカゼコにわたしの社《やしろ》で祭祀をおこなわせなさい。もしその要求がかなうならば、荒々しい心を起こさないであろう」という神のお告げがあったのである。

そこで、カゼコという人を探し求め、神の社で祭祀をおこなわせようとしたが、この神がどのような神であるのか分からなかったので、カゼコは、幡《はた》を捧げて祈りながら、「もしわたしに祭ってほしいならば、この幡は風にしたがって飛んでゆき、わたしを求めている神のところに落ちなさい」というと、その幡は風にしたがって飛んでゆき、御原《みはら》郡の姫社の社に落ち、また戻ってきて、今度は山道川のほとりにある田村というところに落ちた。このようにして、カゼコは神の居場所を知ることができた。その夜、カゼコが見た夢に二つの機織り道具が現れた。それによって、この神が織物の女神であることも分かり、社を立てて祭った。そのおかげで、通行する者は殺されなくなり、「姫社」という地名が生まれたのである。

以上が姫社の神話の概要であるが、この神話には、ほかの日本神話でもよく見いだされるモチーフが二つ存在している。それについて説明しよう。

第一のモチーフは、通行する人を妨害し、死に至らしめる荒々しい神が登場する点である。様々な害悪をもたらすこのような神を『古事記』と『日本書紀』では「荒ぶる神（荒振神、または、荒神）」と呼んでいる。『古事記』と『日本書紀』の特に神話記述においては、荒ぶる神というのは、天つ神に従わない神のことを指し、高天原から見て、葦原の中つ国は荒ぶる神々で満ちていたと記述されている。しかし、神話よりあとの記述では、このような天つ神に従わない神だけでなく、人々に害悪をもたらす神も「荒ぶる神」と呼ばれている。この後者の神には、やがて密教や陰陽道《おんみょうどう》などと習合して、三宝荒神《さんぼうこうじん》や地荒神《じこうじん》(17)という神々へと展開してゆくものもあった。

この後者の荒ぶる神がもたらす害悪の代表的なものとして、人の通行を妨害するというものがある。ある場所を占拠し、そこを通ろうとする人に祟って、死に至らしめるのである。古代の人々にとって、集落を離れて旅することはかなり危険なことであった。そのような恐怖心が通行を妨害する荒ぶる神というイメージを作り出したのであろう。このようなモチーフをもつ話はほかの『風土記』にも多く見いだすことができる。(18)そして、大抵は通行する者の半数が助かり、半数が死ぬという記述の仕方になっているのである。

第二のモチーフは、祭る者を指名するという点である。この神話もそうであるが、神が祟って害悪をなす理由は、しかるべき者が祭っていないという点に帰せられる場合がほとんどである。それゆえ、神がなぜ祟るのかを占うと、人物を指名して祭るように要求する場合が多い。なお、『古事記』の記述にあるオホモノヌシを祭ったオホタタネコのように、祭る者になる資格を、その祟り神の子孫である点に見いだす観念も古代日本において存在していたようであるが、この神話やほかの『風土記』に見いだされる同種の神話[19]には当てはまらないように思われる。

このように、この神話にはほかの日本神話にもよく見いだされる共通のモチーフが存在しているが、この神話にあえて独自性を求めるならば、風をキーワードとして、祭る人がカゼコ（すなわち、風の子）で、神の正体も風を通じて明らかになるという点、そして、荒ぶる神というと男神をイメージする場合が多いが、この神話では、織物の女神であったという点に見いだすことができるであろう。

三　『風土記』の主な神話記述(二)

第三節では、特に逸文として伝えられている『風土記』のなかで興味深い神話記述を取り上げ、具体的に考察することにしたい。

賀茂の社の神話

この神話は『山背国《やましろ》（後《のち》に「山城国」と表記されるようになる）風土記』逸文に出てくるもので、内容的には二つの部分から成り立っている。ここでは特に前半の部分、すなわち、葛城にある賀茂《かも》社や山城にある賀茂社の由来について語っている部分を取り上げることにしよう[20]。そのあらましはつぎのようなものである。

高天原から高千穂に降りてきたカモノタケルノツノミという神は、神武《じんむ》天皇が日向《ひゅうが》から東征するのを先導して、まず大和国の葛城の峰に滞在した。そのあと、山背国の岡田の賀茂というところに移動した。さらにそこから、川伝いに葛野《かずの》の川（桂川のこと）と賀茂の川が合流するところに到着した。そして、賀茂の川を見て、「狭いが、清らかな石川（清川《すみかは》）である」と誉め称えた。それにちなんで、賀茂の川は「石川の瀬見の小川」とも呼ばれる。つまり、「すみ」という音が訛って「せみ」となったというのである。また、この「すみ」には「住み」も掛けているのであろう。その通りに、カモノタケルノツノミは、この鴨川をさかのぼった久我の北の山麓に鎮座した。そのような出来事があって、この一帯は「賀茂」と呼ばれるようになったのである。

この神話に登場するカモノタケルノツノミは、『新撰姓氏録』の記述によると、カムムスヒの孫であり、ヤタノカラスという大きなカラスに変身して、神武天皇が東征の途中、険しい山道で難渋するのを助け、導いたとされる。これは『古事記』と『日本書紀』の神話に出てくるヤタノカラスを、賀《か》茂県主《ものあがたぬし》(21)という氏族の先祖神であるカモノタケルノツノミに結びつけようとする解釈であろう。

ただし、『山背国風土記』逸文の神話では、カモノタケルノツノミが、神武天皇の東征とは別に、高天原から高千穂に降りてきたとも記している。このような記述は、『古事記』と『日本書紀』には見いだせないものであり、おそらくカモノタケルノツノミをホノニニギの降臨とも結びつけようとする解釈と思われる。カモノタケルノツノミは、ホノニニギの降臨と神武天皇の東征という最重要の局面において先導者として活躍した神であり、賀茂社はそのような神を祭る由緒ある神社として位置づけられているのである。

そもそも「賀茂社」と呼ばれるものには二つの系統がある。その一つは、このカモノタケルノツノミとその子孫を祭るもので、これは山背国に勢力をもっていた賀茂県主という氏族が祭っている。もう一つは、前述の神話でも扱ったアヂスキタカヒコを祭る賀茂社で、これは大和国の葛城地域に勢力をもっていた賀茂君《かものきみ》(22)という氏族が祭っている。両者は、祭る神に関しても、前者が高天原系の神、後者が出雲系の神であり、祭っている氏族に関しても、前者は賀茂県主、後者は賀茂君であり、異なっている。なお、両者の関係については諸説があり、賀茂県主を賀茂君の分派とする説もある。

しかし、この神話の記述によれば、葛城は賀茂県主の先祖神であるカモノタケルノツノミが、一時的に立ち寄った場所にすぎない。カモノタケルノツノミが誉め称え、最終的に落ち着くのは山背の賀茂地域なのである。したがって、この神話の背後には、賀茂県主の先祖神であるカモノタケルノツノミを中心にして、葛城の賀茂社をも取り込み、かつ、山背の賀茂社をそれより上位に置こうとする意図がうかがえるのである。

天の橋立神話

この神話は『釈日本紀』に引用されている『丹後国風土記』逸文に出てくるもので、現在も京都府与謝《よさ》郡加悦《かや》町にある天の橋立という景勝地の由来を説明している。それほど長い話ではないので、ほぼ全体を示すと、つぎのようになる。

与謝郡の速石《はやし》の里には長大な岬があった。その長さは一千二百二十九丈《つえ》（約三・七キロメートル）(23)、幅はある場所では九丈（約二十七メートル）以下であるが、別の場所では十丈（約三十メートル）以上、二十丈（約五十九メートル）以下になっている。これは元々「天の橋立」と呼ばれ、のちには「久志《くし》浜《はま》」とも呼ばれるようになったものである。

まず「天の橋立」という名称の由来は、国生みをしたイザナキという神が地上の世界から高天原に通うための橋を作り、それを立てておいたので、「天の橋立」という名がついたのである。ところが、イザナキが眠っているあいだに、その橋が倒れてしまった。イザナキはそのような神秘的な力が現れること（これを「くしぶ」という）を不思議に思ったので、そこでその地を「久志備の浜」という。その「久志備」が「久志」となった。これが「久志浜」という名称の由来なのである。その岬より東の海を「与謝の海」といい、西の海を「阿蘇の海」という。この二つの海には多くの魚や貝がいるが、ウムキ（ハマグリの類）は少ない。

この神話は、「天の橋立」や「久志浜」という名称の由来を語るものであるが、単にそれだけにとどまらず、岬の大きさについて具体的な数字をあげて説明したり、海でとれる海産物についても紹介したりしていて、前述した五項目の報告事項の二番目「郡内で産出される鉱物、植物、動物、魚類、昆虫などを記録すること」をも意識しているのであろう。

さて、ここではイザナミという神が登場するが、周知のように、イザナキはイザナミとともに、高天原から地上の世界に天くだりし、大八島国《おおやしまぐに》などの国土や多くの神々を生んだ神として知られている。さらに、アマテラスやスサノヲもこの神の子と位置づけられている。『古事記』の記述によると、このイザナキとイザナミは天つ神から国土の基礎固めを命じられ、天の浮き橋に立って、天の沼矛《ぬぼこ》で(24)海水をかきまぜたところ、天の沼矛についた海水の塩がしたたり積もってオノゴロ島ができたので、高天原からそこに降りていったとされる。

『古事記』と『日本書紀』の記述では、オノゴロ島が海に浮かぶ島となっており、また、天の浮き橋はイザナキが作ったものではなく、高天原と地上の世界をつなぐ橋として元々存在していたように思われる。したがって、この神話に出てくる橋の記述とは必ずしも一致していないであろう。しかし、イザナキがこの地にいて、高天原に通じる橋がそこに立っていたというのであれば、『古事記』と『日本書紀』に出てくるオノゴロ島が、丹後国のこの地域のことを指していて、さらに、天の浮き橋が天の橋立のことを指しているというような伝承がおそらく存在していたのであろう。

この神話では、この橋がイザナキの眠っているあいだに倒れてしまったと述べている。神が眠るという事態に若干の違和感があるが、『古事記』にも、スサノヲが眠っていたという記述が見いだされるので、神も眠ることがあるのであろう。しかも、スサノヲが眠っているあいだに、オホナムヂによって宝物を奪われてしまったのと同様に、イザナキが眠っているあいだにも、高天原と地上の世界を結ぶ大切な橋が倒れてしまった。長さ約三・七キロメートルもある巨大な橋が倒れるというのは、途方もないイメージといえるであろう。そして、橋が倒れた理由はイザナキにも分からなかった。ただ「くしびますこと」とだけ述べるばかりである。神自身が神秘的であると思うということは、どういう事態を意味しているのであろうか。この神話は、日本神話の代表的な神であるイザナキを実に人間味のある存在として描き出しているように感じられる。

奈具社の神話

この神話も『丹後国風土記』逸文に出てくるものである。かなり長い神話なので、その大まかなあらましを示すことにしよう。

丹波郡の比治《ひぢ》の里の山頂に泉があり、そこに八人の天女が舞い降りて、水浴びをしていた。それを見ていた老夫婦は、一人の天女の衣裳を隠してしまった。衣裳を失った天女は天上の世界に帰ることができず、地上の世界に一人取り残されてしまった。老夫はその天女に自分の子になってくれと頼んだところ、衣裳を返してくれることを条件に天女はそれを承諾した。そして、十年以上も老夫婦と暮らすことになったのである。そのあいだ、天女は万病に効くという酒を上手に作り、それが評判になり、その酒は飛ぶように売れ、老夫婦は裕福になった。そして、老夫婦ばかりではなく、その土地（土形《ひぢかた》）全体が裕福になっていった。そこで、その土地は「土形の里」、のちに「比治の里」と呼ばれるようになったという。

しかし、老夫婦は突然、天女に家から出て行くよう命じた。天女は「お願いされたから、ここに住んでいたのに、どうして嫌われて、追い出される苦しみを味わわなければならないのか」と訴えたが、老夫は聞き入れなかった。天女は泣きながら門の外に出て、「人間の世界に染まってしまったため、天に帰ることもできないし、身を寄せるところもない」と嘆いた。そして、そこを離れ、別の村につくと、「老夫婦のひどい心を思うと、わたしの心は辛い荒塩《あらしほ》(25)となにも変わらない」と述べた。そこで、その村は「荒塩の村」と呼ばれるようになった。

さらに別の村に行き、木に寄りかかって泣いた。そこで、その村は「哭木《なきき》の村」と呼ばれるようにあった。そのあと、奈具の村についた。天女は「わたしの心は和やかになった」(「奈具」という地名と「和やかである」という意味の「なぐし」が掛けてある)といい、その村にとどまることになった。この天女こそ、奈具の社に鎮座しているトヨウカノメのことなのである。

この神話は、人間の身勝手な欲望の犠牲になった天女の悲劇を描きつつ、その出来事にちなんだ地名を紹介している。悲嘆にくれる天女の心情を見事に描いており、物語としてもすぐれた作品になっているが、特筆すべき点として、以下の二つのことをあげることができる。

第一は、天女の衣裳を隠して、天に帰れなくするというのが、ほかの天女説話にもよく見いだされる共通のモチーフであるという点である。衣装を隠されて帰れなくなった天女は人間と結婚して地上の世界にとどまり、やがて天上の世界に戻るという展開になる場合が多いが、この神話の場合、結婚ではなく、養子という形で人間の世界に入る。そして、天女自身の意志で去るのではなく、人間に追い出され、しかも、天上の世界に戻ることもできず、地上の世界に留まりつづけるという特異な形になっているのである。

第二は、この天女の正体である。神話の最後で明かされているように、この天女は実はトヨウカノメという神であった。この神は「豊かな、立派な食物の女性」という名の通り、食物、特に稲を司る女神である。この神話の記述で、天女が万病に効く酒を上手につくることができたとあるのは、この天女が稲、ひいては、それからできる米を司る神であったからである。『古事記』では、イザナキの孫にあたる神としてトヨウケビメが出てくるが、「ウカ」と「ウケ」は同種の語であり、かつ、ともに女神であるので、従来、このトヨウケビメとトヨウカノメという二神は同一視されてきた。さらに、伊勢神宮の外宮で祭られているトヨウケは、アマテラスの食膳に仕えるため、丹波から迎えられたといわれるが、もしトヨウケが丹波の奈具社に鎮座するトヨウカノメと同一視されるならば、『古事記』で別々のところに出てくる、トヨウケビメと、ホノニニギの降臨に随伴する神トユウケ（つまり、トヨウケ）も同一神ということになるのであろう。

住吉の神話

この神話は『摂津国風土記』逸文に出てくるもので、日本の代表的な神社の一つに数えられている住吉大社の由来について語っている。記述としてはきわめて短いものであるので、そのまま全体を示すことにしよう。

「住吉」と呼ばれる理由はつぎの通りである。昔、オキナガタラシヒメが天皇《すめらみこと》であった時代に、のちに「住吉の大神」と呼ばれる神が姿を現し、天下をめぐり歩いて、住むのによい土地を探していた。そして、沼名椋《ぬなくら》の長岡の崎に至ったとき、「ここはまことに住むのによい国（住み吉《え》き国）であると述べて、誉め称えた。それゆえ、そこに住吉の大神を祭る社が建てられたのである。今、現地では「住み吉き国」を略称して「すみのえ」と呼んでいるのである。

この神話について特筆すべきことを以下に述べたいと思う。

まずこの神話にはオキナガタラシヒメに対する言及がある。このオキナガタラシヒメとは神功皇后《じんぐう》のことである。神功皇后は仲哀《ちゅうあい》天皇の后《きさき》であるが、『古事記』の記述によると、仲哀天皇が都を一時的に移して、九州に遠征中、突然崩御するという危機的状況のなかで、代わって国政を担い、海を渡り、新羅《しらぎ》との戦いを勝利に導いた偉大な存在として位置づけられている。

そのあと、オキナガタラシヒメが九州で生んだ応神天皇が、宇佐を発祥地とする八幡信仰に取り込まれて、その祭神である八幡大神《はちまんおおかみ》と同一視されたのにともない、オキナガタラシヒメもその母として、さらに、国難を救った偉大な存在として、三神からなる八幡神の一つとして祭られるようになったのである。

諸国の『風土記』にはこのオキナガタラシヒメにまつわる話が多く出てくる。この神話では、このオキナガタラシヒメが天皇であったと記述されているが、これはけっして特異な用例ではなく、ほかの『風土記』にも見いだされる記述の仕方である。歴代の天皇名はやがて正式に確定されるようになるが、それ以前においては、歴代の天皇以外の人物にも「天皇」という呼称が使われ、実際、当時の人々はそのように認識していたのであろう。他にも例をあげるならば、ヤマトタケルも「天皇」であったのである。

つぎに、住吉の大神について説明すると、この神は、ソコツツノヲ、ナカツツノヲ、ウハツツノヲという三神から成り立っている。『古事記』や『日本書紀』の別伝（第五段の第六書、第十書）(26)の記述によれば、イザナキが川でみそぎをしているときに生まれた神々とされ、海や川の流れとの関係が連想される。三神に共通する「ツツ」という語の解釈については、航海で重要な目印となる星、船玉を入れる筒柱などの諸説があって、一致を見ていない。いずれにせよ、古より渡航に関わる神として信仰されてきたことはたしかであろう。なお、海に関係する神は、理由ははっきりしないが、三神という形で表象される場合が多い。この住吉の大神のみならず、宗像の三女神や阿曇連《あづみのむらじ》が奉斎するワタツミも、三神という形で登場するのである。

最後に、『古事記』や『日本書紀』の記述によると、オキナガタラシヒメと住吉の大神には密接な関係がある。住吉の大神は「西に豊かな国があるので、その国を支配しなさい」と託宣したが、仲哀天皇はそれを信じなかった。そこで神は怒って、仲哀天皇を死に至らしめ、当時、妊娠していたオキナガタラシヒメの子こそ天皇にふさわしいとし、西にある国を支配させるため、オキナガタラシヒメを渡航させたのである。この神話にはこのような具体的な関係は示されていないが、オキナガタラシヒメの治世下に住吉の大神が現れたという記述は、単なる偶然ではないであろう。

なお、「住み吉き」の「えき（終止形『えし』）」という読みは廃れ、「よき（終止形『よし』）」に変化していったが、「すみのえ」という読み方は「墨の江」と表記される形で伝わっている。そして、「住吉」はやがて「すみよし」と呼ばれるようになっていったのである。

蘇民将来の神話

この神話は『備後国風土記』逸文として唯一残されているものである。備後の国にある疫隈《えのくま》の国つ社の由来について述べるもので、日本における疫病神の受容という点でも注目される神話である。まずその内容を大まかに紹介しておこう。

疫隈の国つ社の由来はつぎの通りである。北の海にいる武塔《むとう》の神が南の海にいる神の娘のところに通っていたが、その途中、日が暮れてしまった。そこには蘇民将来《そみんしょうらい》という二人の兄弟がいて、兄は貧窮し、弟は裕福であった。武塔の神は宿を借りようとしたところ、弟の方は、裕福であるにもかかわらず、もの惜しみしてそれを断わり、兄の方は、貧窮ではあるが、手厚くもてなした。

その出来事から数年たって、武塔の神は八柱《やはしら》の子を連れて、兄の蘇民将来のところに来て、「礼をしたいと思うが、あなたの子孫は家にいるか」とたずねた。それに対して、蘇民将来は「娘と妻がいます」と答えた。そこで、武塔の神は「茅《ち》で輪を作り、それを腰につけさせておくとよい」といった。そういうことを聞いて、娘に茅の輪をつけさせたところ、その夜、武塔の神が、その娘だけを残して、ほかの人々を全員滅ぼしてしまった。そして、武塔の神は「わたしはスサノヲである。今後、疫病が発生したら、蘇民将来の子孫であるといって、茅の輪を腰に付けていれば、その難から免れるであろう」と語った。

以上がこの神話の概要である。ここには記されていないが、この武塔の神がスサノヲとして疫隈の国つ社（広島県福山市にある王子神社のことであるといわれる）に祭られているという。内容的には前述した福慈岳と筑波岳の神話に類似する点が見いだされる。すなわち、来訪してきた神に対して、兄弟ないしは姉妹が、一方が冷淡に扱い、もう一方が丁重にもてなすという形で接し、その結果、それぞれに災厄と祝福が与えられるという形になっているのである。ただし、福慈岳と筑波岳の神話の場合には、新嘗の祭祀と来訪する神が先祖神であるという点に特色が見いだされたが、この神話の場合、そのような要素は見られない。そして、それに代わって、この神話における大きなモチーフになっているのが、疫病の回避という点である。

現代とはちがって、ウィルスや細菌というものの存在を知らなかった古代人にとって、突然のように蔓延する疫病は恐怖そのものであったにちがいない。そして、古代の日本人は、その疫病が集落の外から突然もたらされるという観念をもっていた。武塔の神という日本神話の系譜に属さない異質な神の存在も、疫病のそのような未知なる性質と符合しているといえるであろう。なお、この神話は、神のみならず、北の海から南の海へという世界観、登場する蘇民将来という人名など、異国的な雰囲気を強く感じさせている。

この武塔の神は集落のほとんどの人間を滅ぼした恐ろしい疫病神であったが、疫病を広めることができるということは、裏を返せば、疫病を自由に支配できる存在であるともいえるであろう。したがって、この疫病神を慰撫《いぶ》すれば、逆に疫病の発生を抑制する防疫神に転じさせることができると考えられたのである。蘇民将来は丁重にもてなしたために、武塔の神は蘇民将来の子孫にだけは、防疫神として振る舞うことになったのである。このような、いわば毒を薬とするような柔軟な発想方法は、御霊《ごりょう》信仰や天王《てんのう》信仰という形で、(27) 日本の宗教的信仰に深く根をおろすことになる。

なお、武塔の神という異国の神はスサノヲと習合することで日本に定着する。なぜスサノヲと習合するのか、様々な理由が考えられるが、基本的には、暴風雨神という荒々しさが、疫病神の性格に合致するからであろう。さらに『日本書紀』の別伝（第七段の第三書と第八段の第四書）には、高天原を追放されたスサノヲが神々に宿を請うが断られた話、スサノヲが子と共に異国におもむいた話があり、それらとの関連性も考えることができるであろう。

注　記

［第一章］

（1）これは『リグ・ヴェーダ』にあるプルシャの讃歌で述べられている。それによると、プルシャの口から祭祀者（バラモン）、両腕から王族（クシャトリア）、両腿《もも》から庶民（ヴァイシャ）、両足から奴隷（シュードラ）、心臓から月、目から太陽、へそから空界、頭から天界、両脚から地界、耳から方位というように、ありとあらゆるものがプルシャから生じたと記されている。

（2）本書では、神の名はすべてカタカナ書きで表記し、「神」や「命」の呼称は省略することにしたい。

（3）仏教が説く浄土という観念が定着すると、海のかなたに観音菩薩が住む補陀落《ふだらく》浄土があるという信仰が成立した。特に、熊野から見た南の海の果てに補陀落浄土があると信じられた。

（4）『日本書紀』は本文と「一書《あるふみ》」と呼ばれる別の伝承から成り立っている。本書では、この「一書」の伝承を「別伝」と呼ぶことにしたい。

（5）この点については、神野志隆光『古事記の世界観』（吉川弘文館）の八十―八十九ページを参照。

（6）従来、『古事記』と『日本書紀』の神話を総称して、「記紀神話」と呼んできた。たしかに『古事記』と『日本書紀』には一致する点も多く見られるのであるが、たとえば、アマテラスとタカミムスヒの位置づけなど、重要な部分での差異も存在している。筆者は基本姿勢として、両者を独立した個別の神話としてとらえるべきであると考えているので、本書では、あえてこの「記紀神話」という呼称は用いないことにしたい。

（7）『日本書紀』において「一書」と呼ばれる別伝は、「神代」本文の各段（合計で十一段ある）の各々に付随しており、通常は各段に複数の「一書」が存在している。従来、これを「第一の一書」、「第二の一書」などと呼んで区別しているが、本書では、たとえば「第一の一書」は「第一書」などと簡潔な表記に改めることにした。

（8）「天」の字が含まれる神名をどう読むかについては、これまでに一致をみていない。この天之御中主についても、「アマノミナカヌシ」と「アメノミナカヌシ」という読み方がある。本書では、名詞に連体助詞が後続する場合、その名詞は被覆形をとるという見解から、「アマ」と読むことにしたい。なお、「天照」については「アマテラス」という読み方が定着しているので、それを用いることにする。さらに、神名以外の術語についても、これに準じて扱うことにしたい。

（9）天《あめ》の中心を神格化したアマノミナカヌシは、北辰信仰の伝来によって、北極星と同一視され、信仰されるようになった。また、仏教版の北辰信仰ともいえる妙見信仰とも習合していった。

（10）「ウマシアシカビヒコヂ」という神名は、葦の芽が勢いよく出ている様を意味しており、この世界に生命を育む力が誕生したことを象徴していると解釈できるであろう。「アマノトコタチ」や「クニノトコタチ」という神名は、天上界や国の土台が現れたということを意味しており、それらは、天上界や国が永遠に存在しつづけるための基盤を獲得したことを象徴していると解釈できるであろう。

（11）このことはすでに指摘されている。『益田勝実の仕事4』（ちくま学芸文庫）の五百三十二―五百三十三ページを参照。ただし、筆者の主張は直接それから導き出されたものではない。

（12）この神は別天《ことあま》つ神に数えられているタカミムスヒの別名である。アマテラスとともに、高天原《たかあまはら》の指導的な立場にある神であるが、『古事記』では、葦原《あしはら》の中つ国を平定する交渉の途中で、「タカギ」という名に変えられている。これについては、アマテラスとタカミムスヒの神としてイメージが重なりすぎていたため、タカミムスヒの方をタカギに変えたのではないかという指摘がある。『新潮日本古典集成　古事記』（新潮社）

の三百二十二ページを参照。なお、『日本書紀』には「タカギ」という名は登場しない。

（13）天《あま》の高市《たけち》は『日本書紀』の別伝（第七段の第一書と第九段の第二書）にのみ登場する。この天の高市については、実際に大和にあった地名が反映されているという指摘もある。

（14）その記述によれば、天に昇った地上の世界にいる神々の代表者は、オホモノヌシ（『日本書紀』ではオホクニヌシと同一視されている）とコトシロヌシとされている。『日本書紀』別伝（第八段の第六書）では、オホモノヌシはオホクニヌシと同一視されているが、各々独立した伝承なので、それをもって、オホクニヌシも昇天したと断定することはできないであろう。

（15）水林彪『記紀神話と王権の祭り』（新訂版、岩波書店）の七十八―八十五ページを参照。

（16）厳密に言うと、『古事記』では、海や山の神を生むという記述になっているが、『日本書紀』本文では、海や山を生むという記述になっている。あくまでも表現上の相対的な違いなのかもしれないが、『古事記』の場合、自然物の背後にある神の存在に重点を置くのに対して、『日本書紀』本文の場合、自然物はあくまでも自然物とみる傾向が強い。そのような傾向の違いもあって、イザナキとイザナキによる国土生成の際に登場する神の数は、両者で圧倒的な差が出てくるのである。

（17）『古事記』の記述では、けっしてすべてが網羅されているわけではないが、葦原の中つ国に存在する神々は、イザナキとイザナミによる神生みの際に生まれたと考えるべきかもしれない。

（18）『日本書紀』神代の記述に「神人《かみ》」や単独の「人《かみ》」が登場するが、コンテキスト上、これは神的な存在について語っており、人間とは考えがたい。

（19）出現型では、出現以前に、なぜそのような形で存在しうるのかという理由については不問にしている。つまり、人間は理由もなく、そのような姿で突然現れるのである。

（20）この「オホナムヂ」という名は伝承によって、「オホアナムチ」、「オホナムチ」、「オホナモチ」などという形でも登場する。それらを一つの名で統一して扱うのも一つの方法ではあるが、その場合、語義解釈などで支障を来す場合もありうる。したがって、本書では、基本的にそれぞれの伝承通りの名で表記したい。

（21）『古事記』において、出雲系の神であるアヂスキタカヒコネが「迦毛大御神《かものおほみかみ》」という最高敬語で呼ばれていたり、朝廷がオホモノヌシの祟りに恐れおののいたりと、出雲系の神々の宗教的な力が大和にも深く浸透していたことを裏づけているように思われる。

（22）『日本書紀』の編纂者は、別伝（第五段の第六書）に出てくる泉津平坂《よもつひらさか》について、それを実際にあるものではなく、死に臨んで息絶える瞬間のことを言うのでないかと推測している。このような合理的発想を延長させるならば、黄泉《よも》つ国の存在についても、そのまま鵜呑みにしていたとは考えにくいであろう。

（23）紙数の関係で本文では省略したが、『日本書紀』には、ダヂマモリが垂仁《すいにん》天皇の崩御を悲しんだとき、常《とこ》世《よ》の国に行った際のことを「遠く波を踏み越えて、はるかなる河川を渡る」と述懐している。

（24）同様の例として常世の長鳴き鳥が挙げられる。この常世の長鳴き鳥は、アマテラスの天の石屋籠《いはやご》もりのときに登場する。常世の国に実際に住んでいる長鳴き鳥であるととらえる解釈もあるが、その一方で、ニワトリの鳴き声が長く続くことから、息が長く、生命力があるということが、ひいては、永遠に存在するという連想が生みだし、「常世」という形容を冠した呼称が成立したと解釈することもできる。その場合、「常世」は常世の国でなく、永遠を意味していることになるであろう。

（25）この常世の神は日本史上で最初に登場した流行神《はやりがみ》として位置づけられている。流行神とは、世情不安などの要因によって、急速かつ一時的に信仰の対象となる神（あるいは、仏や菩薩のような神的な存在）のことを指すものである。常世の神に対する信仰も大化の改新直前に発生し、その信仰は都にまで急速に拡大したため、弾圧されたという。

（26）このような神は「来訪神」と呼ばれている。古より日本では、海のかなたからやってくるものを、幸福をもたらすものとして信仰するという観念をもっていた。不出来な子として海に捨てられたが、再び戻って漂着したヒルコを信仰するヒルコ信仰（または、エビス信仰）もそのような観念に基づいている。また、必ずしも海からやってくるとはかぎらず、集落の外からやってくるという場合も多い。弘法大師をはじめとするダイシ様と呼ばれる神、あるいは、神に準じた存在が年に一度集落を訪れるというダイシ信仰も来訪神信仰の一形態としてとらえられる。

（27）これは『日本書紀』別伝（第十段の第一書）のみに登場する表現である。

（28）『古事記』と『日本神話』の神話には登場しない術語であるが、罪については、祝詞などで「天つ罪」と「国つ罪」という分類が行われている。前者の天つ罪は高天原に元々存在していた罪で、スサノヲが犯したとされる田の畔を破壊すること、溝を埋めること、灌漑用水の通路を破壊すること、重ねて種を蒔くことなどの八種の罪がこれに該当する。後者の国つ罪は地上の世界で人間が起こした罪で、生きた人間の肌を切ること、死んだ人間の肌を切ることなどの十四種がこれに該当する。

（29）両神はともに「ミナト（水戸）の神」と呼ばれている。この両神からさらにアワナギ、アワナミ、ツラナギ、ツラナミなど、水に関係する神々が多く生まれている。なお、『日本書紀』別伝（第五段の第六書）では男女両神ではなく、ハヤアキツヒという一神で登場している。ここで、ハヤアキツヒメのみが注目されているのは、ハヤアキツヒコが河口の河側を司っているのに対して、ハヤアキツヒメは河口の海側を司っているからであろう。河口の海側を司る神が、海でけがれを呑みこむという観念と結びついて、祓《はら》への神に転化したのである。

（30）このイブキドヌシという神は『古事記』と『日本書紀』のいずれにも登場しない。

［第二章］

（1）『日本書紀』別伝（第一段の第四書）の「所生」は「あれます」と読まれている。

（2）厳密に言えば、男性と女性という区別は、神世七代《かむよななよ》でイザナキとイザナキに先行するウヒヂニ、スヒチニから始まっているが、筆者はそれを両性誕生の萌芽としてとらえておきたい。つまり、両性の原理的な完成は、男性と女性がお互いの差異を認識し、引かれ合うというイザナキとイザナミにおいてはじめて見いだすことができるのである。

（3）この例のように、だれが生んだと表現されているものの、実質的には発生型に属している誕生の仕方が見いだされる。ウケヒにおける神の誕生も同様の様相を呈していると言えるであろう。

（4）『古事記』の記述に基づき、イザナミの亡きあと、イザナキが生みだした神を列挙すると、ツキタツフナト、ミチノナガチ、トキハカシ、ワヅラヒノウシノ、チマタ、アキグヒノウシノ、オキザカル、オキツナギサビコ、オキツカヒベラ、ヘザカル、ヘツナギサビコ、ヘツカヒベラ、ヤソマガツヒ、オホマガツヒ、カムナホビ、オホナホビ、イヅノメ、ソコツワタツミ、ソコツツノヲ、ナカツワタツミ、ナカツツノヲ、ウハツワタツミ、ウハツツノヲ、そして、それに三はしらの貴き子が加わるのである。なお、『日本書紀』本文では、イザナミは亡くならないことになっているので、三はしらの貴き子を除いて、これらの神々はまったく登場しない。また、『日本書紀』別伝の一つ（第五段の第六書）に登場する神は『古事記』とかなり一致しているが、もう一つの別伝（第五段の第十書）では、登場する神が大幅に少なく、かつ、神名も異なる形で伝承されている。

（5）たしかに日本の神は、木や石などの自然物や鏡などの依代《よりしろ》や霊能力をもつ人間に憑依する場合が多く、神は特定の姿形をもたないものという通念があるが、ここで問題にしているのは、あくまでも神話記述上の神についてであって、宗教信仰上の神については別問題である。

（6）確固たる姿をもたなかったヒルコも異形の神として位置づけられるであろう。

（7）原文の正確な記述を示すと、『古事記』では「神避《かむさ》りましき」、『日本書紀』別伝では「終《かむさ》りましぬ」（第五段の第二書）、「神退去《かむさ》りましぬ」（第五段の第五書）、「化去《かむさ》りましぬ」（第五段の第六書）となっている。

（8）『日本書紀』別伝（第五段の第五書）では、イザナミの埋葬地を紀伊国の熊野の有馬村とし、そこで行われていたといわれる花を用いた祭りの様子も伝えている。

（9）イザナキが亡きイザナミを黄泉つ国に訪ねて、こちらの世界（すなわち、生の世界）に帰ってくるようにうながしたとき、イザナミは帰りたいと思うと答えているので、この記述に、蘇生を可能性としては認めていると解釈することもできるかもしれない。

（10）ソコツワタツミ、ナカツワタツミ、ウハツワタツミの三神。この三神は海人《あま》族を統括していた阿曇連《あづみのむらじ》が祭っている神である。この神々とオホワタツミの異同についてははっきりしない。従来では同一視されてきたように思われるが、前者はイザナキが単独で生んだのに対して、後者はイザナキとイザナミのあいだに生まれたとされる。同じ神が二度も生まれるというのは不自然であるから、両者は別の存在であると思われる。また、ホヲリがおもむいたワタツミの宮殿という場合のワタツミがどちらなのかという点についてもはっきりしないが、ホノニニギがオホヤマツミの娘と結婚したということとの対応関係からすれば、オホワタツミの方がよいであろう。

（11）厳密に言えば、観念は人間の生みだした言語と密接に関わっているので、観念神は文化神のなかに含まれるであろう。ここで観念神を別出させているのは、神の様々な性格を浮かび上がらせるための便宜からである。神々を完全に分類することは困難であるし、強引な分類はあまり意味がないであろう。

（12）『古事記』の記述をみると、タカミムスヒは高天原の指導的な神として、葦原の中つ国に対して敵対的な態度を示しがちであるのに対して、カムムスヒは、オホナムヂを蘇生させたり、自分の子スクナビコナにオホナムヂを補佐させたりして、葦原の中つ国との結びつきが強く、両者を対比して描写しているような印象を受ける。それに対して、『日本書紀』の場合、ある別伝（第八段の第六書）では、前述のスクナビコナがタカミムスヒの子となっていたり、それとは異なる別伝（第九段の第二書）では、タカミムスヒがオホナムヂを丁重に扱って、オホナムヂがその扱いに感動したり、さらに、タカミムスヒが協力関係をより強化するために、自分の娘をオホナムヂと結婚させたりしていて、カムムスヒの登場する場面はほとんどなく、したがって、両者の対比も見いだされない。

（13）坂本勝『古事記の読み方――八百万の神の物語――』（岩波新書）の百二十五―百二十七ページを参照。

（14）『古事記』の記述によれば、オモヒカネはアマテラスから、その御魂と同一視される鏡を祭る祭事を執り行いなさいと命じられて、天くだりしたという。

（15）『日本書紀』別伝ではフナトという神として登場する。イザナキが黄泉つ国から戻り、そのけがれを取り除くために、杖を投げ捨てたときに現れた神である。『日本書紀』別伝（第五段の第九書）では、元々の名が「クナトノサへ」であったとされる。「フナ」や「クナ」は各々、「通るな」、「来るな」という意味で、「ト」は入口の意味である。サへ（祖）とは道祖神《どうそじん》のことで、旅行者の行路の安全を願って、道々に石や木などで道しるべとして祭られた。それと、杖を突き立てることで、外界の邪鬼が集落に侵入するのを防ごうとする境界神とが結びつき、日本においては、境界神は同時に道祖神でもありえたのである。『日本書紀』別伝（第九段の第二書）では、タカミムスヒから葦原の中つ国に遣わされたフツヌシ、タケミカヅチの道案内をする役目を帯びてフナトが登場している。

（16）サルタビコの容貌といえば、鼻の長い天狗の姿が想起されるが、サルタビコを祭る神社には、年に一度、厄除けのために玄関に飾るサルのお面を配っているところもある。これは庚申《こうしん》信仰と結びついて、「サルタビコ」の「サル」が災厄を「去る」ことと掛けられているのである。

（17）『新潮日本古典集成　古事記』（新潮社）の三百五十三―三百五十四、三百七十ページなどを参照。

（18）この人間神を、従来から用いられている「人格神」とははっきり区別しておきたい。「人格」は person に対応する訳語であるが、person に「人間」という意味は含まれていない。“the person of God”という表現もごく普通にあるのである。これを日本語にすると「神の人格」という意味不明な表現になってしまう。その意味で、「人格」は誤解を招きかねない訳語といえよう。

（19）先祖神も、人間の同族集団である氏族の祖先であるという点で、人間と隔絶した存在ではなく、連続した存在であると考えることができるが、ここで問題にしている人間神というのは、実際に存在していた人間を死後に（場合によっては生きながらに）神として位置づけることを意味しているのである。このような発想が明確な形で登場するのは、奈良時代後半ごろからであると思われる。

（20）高天原の統治を任されたアマテラスは、スサノヲがものすごい勢いで高天原に迫って来たときに、「わたしの国を奪おうとしているのであろう」と述べているので、高天原を国としてとらえていることは確実であろう。なお、これに関連して、イザナキがスサノヲに「委任した国を統治しないで、どうして泣いてばかりいるのだ」と述べた『古事記』の記述にも注目する必要があるだろう。『古事記』の記述においてスサノヲが統治を委任されていたのは海原であったので、海原を国としてとらえていることになるのである。海は地面をともなう地上の世界とは異なる感じがするが、『古事記』や『日本書紀』の記述に見られる、ワタツミが支配する海の世界には明らかに地面が存在しているであろう。このように、神話に登場するすべての世界（黄泉つ国や夜の食国も含めて）は地面をともなっているものと思われ、その点でそれらの世界を国としてとらえることができるのであるが、そのような用法と同時並行して、天と対比する形で、地上の世界にある、特に葦原の中つ国を国としてとらえようとする理解があるというように考えておきたい。

（21）『日本古典文学大系67　日本書紀　上』（岩波書店）の五百四十五ページ、補注1-六を参照。

（22）天つ神と国つ神という区分以外に、同じものを神格化した神について、アマとクニに分ける場合がある。たとえば、アマノサギリとクニノサギリ、アマノクヒザモチとクニノクヒザモチなどである。これらの神は「アマノ」と冠せられて呼ばれていても、実際には地上の世界にいる神なので、この区分は、天つ神と国つ神という区分とは別のものと考えられるが、なぜそのような区分が存在しているのか、その理由ははっきりしない。一説には、山や崖などのように、地上から突き出て天空に接するものが「アマノ」、そうでないものが「クニノ」であるという指摘もあるが（『新潮日本古典集成　古事記』（新潮社）の三百三十五―三百三十六ページを参照）、たとえば、スサノヲやオホクニヌシの子孫で、「クニノ」と対比されることなく、「アマノ」と冠せられた神も登場しており、すべての神にそのような原則が当てはまるのか疑わしい部分もあるように思われる。

（23）ただし、『日本書紀』本文には、「天つ神」がホノニニギのことを表している用例がある。

（24）たとえば、カムムスヒの曾孫にあたるカモノタケルノツノミ（この神はヤタノカラスであるともいわれ、神武《じんむ》天皇を先導したと伝えられている）の子孫とされる賀茂県主《かものあがたぬし》という氏族は、『新撰姓氏録』では天神を先祖とする氏族に分類されており、アマテラスやタカミムスヒの子孫以外でも天孫《てんそん》と位置づけられている事例は多く存在しているのである。

（25）『日本書紀』本文の記述によると、葦原の中つ国における草や木などの自然物がことばを話す騒がしい存在としてとらえられている。この点は、『日本書紀』別伝（第八段の第六書）で、オホアナムチが自らの国土平定を回顧して、葦原の中つ国は荒々しく、石、草、木までも強暴であると述べていることと一致するであろう。ただし、タカミムスヒの場合、そう述べたオホアナムチなどの国つ神をも、この荒々しい自然物と同列の存在として扱っているのである。

［第三章］

（1）古代日本で行われていた呪術として知られる太占《ふとまに》も、『古事記』と『日本書紀』の神話に複数回登場しており、イザナキとイザナミのあいだに満足のゆく子が生まれなかったときや、アマテラスが天の石屋に籠もってしまったときなど、重要な場面で太占が行われている。

（2）『日本神話事典』（大和書房）の「誓《うけ》ひ・宇気比《うけひ》」の項、特に六十二ページを参照。

（3）国つ神であり、『日本書紀』の記述によると、元々は「ウヅヒコ」という名であった。先導役を引き受けて、神武天皇の家臣となったため、「シヒネツヒコ」（『古事記』ではサヲネツヒコ）という名を与えられた。

（4）『古事記』の記述によると、開化《かいか》天皇の曾孫にあたる。占いによって使者に選ばれた。

（5）具体例として、オホヤマツミが娘をホノニニギに献上した際におこなったウケヒをあげることができるであろう。すなわち、オホヤマツミの宣言内容は単純化して示せば、つぎのようになる。

①　イハナガヒメと結婚するならば、天つ神の御子は永遠の存在となるであろう。

②　コノハナノサクヤビメと結婚するならば、天つ神の御子は栄えるであろう。

まず、①と②はどちらかが選択されるという形になっていない。そして、通常のウケヒでは、条件命題の後件の結果を吟味して、前件の真偽を占うのであるが、この場合、前件は真偽と無関係であるばかりでなく、そもそも占われる対象になっていないのである。これはウケヒというよりは、祝うという行為に近いであろう。あえて、この宣言を通常のウケヒの宣言に変形してみると、つぎのようになると思われる。

①A　天つ神の御子が永遠の存在であるならば、イハナガヒメと結婚するであろう。

①B　天つ神の御子が永遠の存在でないならば、イハナガヒメと結婚しないであろう。

②A　天つ神の御子が栄えるのであれば、コノハナノサクヤビメと結婚するであろう。

②B　天つ神の御子が栄えないのであれば、コノハナノサクヤビメと結婚しないであろう。

つまり、この場合、二つのウケヒに分けられることとなり、①と②の両方において、A、Bのどちらが神の意志であるかが占われることになるのである。

（6）オホヤマツミのウケヒとはまったく逆に、タカミムスヒが飛んできた矢をアマノワカヒコに返すときに行った宣言は、『日本書紀』別伝（第九段の第一書）では「呪《ほ》く」と呼ばれているが、通常のウケヒの形式に近い。それはつぎのようなものである。

① アマノワカヒコの心が清ければ、矢があたらないように。

② アマノワカヒコの心が邪であれば、矢があたるように。

これがウケヒととらえられていないのは、条件命題の後件が単なる結果ではなく、その結果が実現するように呪っているからであろう。

（7）たとえば、ウケヒ酒があげられる。これは、神意を知るために、酒を用いるもので、明確に宣言しているかはわからないが、「もし父親であれば、その者に酒杯が捧げられるであろう」とウケヒをして、父親のわからない子に酒杯を献上させ、居並ぶ者たちのなかで、酒杯を捧げられた者が父親であると判明したという説話（『播磨国風土記』「託賀郡《たかのこおり》賀眉《かみ》の里の条」や『山背国風土記』逸文《いつぶん》「賀茂の社《やしろ》の条」）が知られている。そのほか、狩りの成否で吉凶を占うウケヒ狩りというものもある。

（8）この根の堅州《かたす》国は地底の堅い国という意味になるであろうが、「妣《はは》の国」という限定があるため、黄泉つ国と考えざるをえない。しかし、『古事記』では、イザナミが死んだあと、イザナキは単独でスサノヲらの三はしらの貴き子を生んだことになっているので、スサノヲがイザナミを母とし、それを慕って泣くというのは不可解な点であろう。なお、この点に関して、「妣の国」という表現をイザナミのいる国とは解釈しないで、「母なる大地」という表現と同様に、一般的な意味で「妣の国」と解釈すべきであるという指摘もある。西宮一民「スサノヲ神話の本質」（古事記学会編『古事記研究体系4　古事記の神話』（高科書店））の九十四ページを参照。

（9）『古事記』に「この国」という表現が出てくるが、これがどの国なのかが問題であろう。もちろん、これからゆく高天原でも、根の堅洲国でもないし、青山などがあるという点で海原でもないであろう。とすれば、残るはスサノヲが生まれた地上の世界（すなわち、葦原の中つ国）ということになるのではないか。つまり、スサノヲは、任せられた海原には行かず、地上の世界に居座っていたと考えられるのである。

（10）『日本書紀』の場合、アマテラスが女性神であることがより鮮明に示されている。『日本書紀』本文では、「アマテラスオホヒルメ」という呼称が登場し、「ヒルメ」の「メ」には巫女《みこ》を示す「孁」という文字が用いられているし、スサノヲがアマテラスを「姉《なねのみこと》」と呼んでいるのである。また、別伝でも、スサノヲとの関連で、アマテラスを「姉」と呼ぶ表現が頻出する。たとえば、「ただ姉に会いたいと思って」（第六段の第一書、第二書）、「スサノヲが妬んで姉の田を壊した」（第七段の第三書）などである。後代において、アマテラスを男性神、あるいは、両性具有神としてとらえる場合があるが、それは『古事記』や『日本書紀』の神話とは別次元の問題であるといってよいであろう。

（11）その名の通り、曲がった玉を意味する。ただし、「マガ」は「マガ（禍）」とも語源的に同じであるとされており、女性がそのような悪い霊魂を身につけることで、男性を寄せ付けないようにする効果があるという指摘もある。『図説日本の古典　古事記』（集英社）の五十三ページを参照。

（12）原文では「十つか剣」。「つか」は握りこぶしのことで、その十個分の大きさということ。大きな剣を表す語として『古事記』や『日本書紀』によく登場する。また、『古事記』には、ひげが八つかの長さになるまで、スサノヲが泣き続けたという記述も見いだされる。

（13）タキリビメの「タキリ」は接頭辞の「タ」＋「キリ（霧）」と解釈され、イチキシマヒメの「イチキ」は身を清め、神に仕える「イツク（斎く）」と解釈され、タキツヒメの「タキツ」は、「タキ（激流）」＋「ツ」（連体助詞）と解釈されるか、「タギツ」（現在の「たぎる」に相当する）と解釈される可能性がある。サヨリビメの「サヨリ」は接頭辞「サ」＋「ヨリ」（神がよりつくこと。タマヨリヒメの「ヨリ」と同じ）と解釈されるであろう。

（14）宗像の三女神が重視された理由として、九州北部が国防や交易の要所であったこと、さらに、宗像の三女神を祭っていた宗像君《むなかたのきみ》という氏族が天武天皇と姻戚関係をもち、朝廷に対して影響力をもっていた（天武天皇の皇子で、太政大臣となった高市皇子《たけちのみこ》の母は宗像君の出身である）ことなどがあげられるであろう。

（15）注（7）で挙げたウケヒ酒やウケヒ狩りなどでも、宣言内容が明示されていない場合が多い。これは、ウケヒが宣言を必要としていないということではなく（もし必要としていなければ、そもそも神意を占う行為にはならないであろう）、結果の提示そのものにウケヒの宣言内容が含意されていると考えることも可能なのではないだろうか。

（16）第二章の注（4）を参照。

（17）『日本書紀』本文の記述によると、スサノヲは別れのあいさつをするために、父イザナキから高天原にいるアマテラスに会う許可をわざわざとっているのであるが、アマテラスは、武装して待ちかまえている点からして、そのことを知らなかったということになるであろう。

（18）第一章の注（28）を参照。

（19）『日本書紀』本文では、イザナキとイザナミのあいだに日の神が生まれたとし、その神の名として「オホヒルメノムチ」、「アマテラス」、「アマテラスオホヒルメ」をあげている。

（20）その原文を書き下すと、「汝《いまし》三《み》神《はしらの》、道の中に降り居て、天孫《あまみま》を助け奉りて、天孫の為に祭られよ」となる。このなかにある「天孫の為に祭られよ」という部分については、従来、①天孫のために、人々から祭られなさい（『日本古典文学大系67　日本書紀　上』（岩波書店）の百八ページ）、②天孫によって祭られなさい（『新編日本古典文学全集2　日本書紀①』（小学館）の六十九ページ）、③天孫のために、お祭りしなさい（『全現代語訳　日本書紀』（講談社学術文庫）の三十七ページ）などの解釈がある。

(21) クシアカルタマは、この伝承のハカルタマとまったく同様に、天に昇ろうとするスサノヲに曲玉《まがたま》を授けているので、両者を同一神としてとらえることもできるであろう。

(22) 天の真名井《まなゐ》が三カ所掘られているという記述を、宗像の三女神と対応させるものと解釈することはできるが、その場合、五男神については、五という数についての考慮がなされていないことをどうとらえるかという問題が残るであろう。

(23) ここに出てくる「天原」は「高天原」と同義と考えてよいであろう。『古事記』に一回、『日本書紀』に三回の用例がある。そのすべてが、アマテラスが高天原において述べた発言のなかに出てくるもので、実際に天にいるときの発言であるから、「高天原」ではなく、「天原」という表現になるという指摘がある。『新編日本古典文学全集1　古事記』（小学館）の六十六ページを参照。

(24) これを「ヒハヤヒ」と読んでいる先行研究も多く存在し、実際、『日本書紀』にもその両方の表記が混在している。混乱を避けるため、ここでは「ヒノハヤヒ」という表記に統一しておきたい。

(25) 『日本書紀』本文はヒノハヤヒをタケミカヅチノヲの親としている。ただし、『日本書紀』別伝（第五段の第六書）では、ヒノハヤヒとタケミカヅチノヲを親子とせず、『古事記』と同様に、兄弟として位置づける伝承も見いだされる。このように、ヒノハヤヒとタケミカヅチノヲの関係については様々な伝承があったことが予想される。

(26) 「天国」は「あめくに」と読む場合、「天と国」という意味になるが、この場合は「あまつくに」と読み、高天原を指していると考えられる。「天国」という用例のほとんどは前者の場合に当てはまるので、例外的な事例と言えるであろう。

（27）なお、スサノヲも神なので、この場合の神がスサノヲのような神とどう違うのかが問題となるかもしれない。ここでは、別天つ神のようなより神格の高い神ととらえておきたい。同様の例として、イザナキとイザナミが国生みに失敗した際に、天つ神の助言によって、太占を行ったことがあげられるであろう。日本の神話においては、神も神意を知るため、占いを行うのである。

［第四章］

（1）ただし、日本神話の分類の仕方は様々な形で可能であり、ここにあげた高天原神話についても、イザナキとイザナミの国生み神話、スサノヲとのウケヒや天の石屋籠もりを含むアマテラス神話、そして、天孫降臨神話というように分ける場合もある。

（2）『新編日本古典文学全集2　日本書紀①』（小学館）の百二十ページ、注三の指摘によれば、日向国《ひゅうが》は元々、現在の鹿児島県をも含む南九州一帯を指していたが、のちにその南部の部分が分割されて、薩摩国や大隅国《おおすみ》が独立した。したがって、この場合の日向も南九州一帯を指していると考えることが可能であろう。

（3）ウカヤフキアヘズは元々、神の系譜には存在しておらず、あとから挿入されたものであるという主張もあるが、ウカヤフキアヘズは『古事記』と『日本書紀』の本文および別伝といった多くの伝承に登場しているので、単なる改変とはいえず、元々の神話伝承のなかにウカヤフキアヘズは浸透していたように思われる。

（4）たとえば、『日本古典文学大系1　古事記　祝詞』（岩波書店）、『新潮日本古典集成　古事記』（新潮社）、『日本思想大系1　古事記』（岩波書店）などの『古事記』の基本的テキストではすべて「アマツヒコヒコ」となっている。

（5）『新編日本古典文学全集1　古事記』（小学館）の百十三ページ、注十四を参照。通例の「アマツヒコ」は『日本書紀』の読みに強いて合わせたにすぎず、訓字が連続している術語のなかで、「高」の音仮名「コ」をはさむのは考えにくいと指摘している。なお、「高」を「コ」と読む例として「高志《こし》」や「丸高《まろこ》王」などがある。

（6）『古事記』の成立が和銅五年（七一二年）とされるのに対して、『日本書紀』の成立は養老四年（七二〇年）であり、『古事記』の方が『日本書紀』にわずかながら先行している。つまり、『古事記』が打ち出した新しい概念とは、『日本書紀』の記述に対するものではなく、『日本書紀』の編纂者がそのまま掲載した神話伝承に対して、独特の解釈を加えたという意味である。

（7）『日本書紀』の複数の伝承において、ホアカリが尾張連《をはりのむらじ》の祖であるという説明が挿入されている。この尾張連はその名の通り、尾張地域を拠点としていた氏族で、天皇家とも密接な姻戚関係をもっていた。朝廷に対する強い影響力が神話記述にも反映されたものと考えられる。

（8）『日本書紀』別伝（第九段の第五書）の記述によると、ホヲリは産屋につけた火が衰えたときに生まれた子、ホホデミはその火の熱が冷めたときに生まれた子とされる。この二柱《ふたはしら》の神のうちで、ホホデミの方に後継者を表す「ヒコ」という呼称が付加されているので、この伝承は、ホノニニギの後継者をホホデミととらえているものと思われる。

（9）『新潮日本古典集成　古事記』（新潮社）の三百九十四ページを参照。そこでは、サルダを神稲の田とする解釈と、サルダを琉球語で「先導」を意味する「サダル」との関連でとらえる解釈（これは伊波普猷《いはふゆう》の説）は否定されている。さらに「サル」を「戯る」、「タ」を状態化の接尾語ととらえる解釈もある。『新編日本古典文学全集1　古事記』の百十四ページ、注八を参照。

（10）『日本古典文学大系67　日本書紀　上』（岩波書店）の百四十八ページ、注七を参照。サルタビコは『日本書紀』の別伝（第九段の第一書）では伊勢のサナダに住むと述べているが、この「サナダ」も神稲の田を意味すると指摘されている。

（11）『古事記』では、サルタビコがアザカにいるとき、ヒラブ貝に手をはさまれて、海に沈んだと述べられている。アザカは伊勢にある地名である。また、『日本書紀』では、「伊勢のサナダの五十鈴《いすず》の川上」という表現が二回登場している。

（12）鼻の長さは七咫《あた》と記されている。咫は親指と中指を開いた長さ（おおよそ十八センチメートル）であるといわれている。したがって、計算上では、鼻の長さは一メートル以上ということになる。同様の例として、八咫《やたの》鏡（「やあた」が「やた」と縮まったもの）が挙げられる。いずれも実測ではなく、極めて大きいものを表す形容ととらえるべきかもしれない。

（13）他の伝承では、日向の高千穂の岳に天くだる理由は特に示されていない。それにも拘わらず、天くだり先については、それらの伝承において共通する部分が見いだされる。参考までにそれらを示しておこう（なお、「嶺」や「峯」は便宜上、同一視し、ともに「岳」としておく）。

筑紫の日向の高千穂のくじふる岳（『古事記』、『日本書紀』第九段の第一書）
日向の襲《そ》の高千穂峯《たけ》（『日本書紀』本文）
日向のくしひの高千穂の岳（『日本書紀』第九段の第二書）
日向の襲の高千穂のくしひの二上《ふたがみ》の岳（『日本書紀』第九段の第四書）
日向の襲の高千穂の添山《そほりのやま》の岳（『日本書紀』第九段の第六書）

このように、天くだり先が明示されているすべての伝承において、「日向」、「高千穂」という語が登場している。従来、この二つの語については、そのまま九州に実在する地名に比定されているが、「日向」は日の光につつまれる場所、「高千穂」は多くの稲穂が高く積まれた場所という意味であり、本来は、太陽神であるとともに、穀物神の性格をもっているアマテラスの子孫にふさわしい降臨の地としての形容であったと思われる。なお、伝承で数回登場する「襲」は大隅国の贈於《そお》郡とする説があり（『新編日本古典文学全集2　日本書紀①』（小学館）の百二十ページ、注三を参照）、もしそうであるならば、天くだりの地である高千穂は現在の宮崎県ではなく、宮崎県と鹿児島県の県境ということになるであろう。また、「くじふる」と「くしひ」は「く（奇）し」に基づく、霊妙さを表すことばである。

（14）その神名は「事に勝れ、国に勝れ、長く伸びた神稲」を意味しているという（『新編日本古典文学全集2　日本書紀①』（小学館）の百二十一ページ、注十四、さらに、『新潮日本古典集成　古事記』（新潮社）の三百九十八ページを参照）。このコトカツクニカツナガサは『日本書紀』の本文と別伝（第九段の第二書、第四書、第六書）に登場しており、これだけ多くの伝承に出ているにも拘わらず、『古事記』においてまったく言及がないのは不思議な点といえるであろう。いずれの伝承においても、天くだりしてホノニニギに、「国があるのか」などと聞かれて、「国はあります。差し上げましょう」などと答え、国の在りかを教え、それを献上する役割をはたしている。なお、第四書では、コトカツクニカツナガサがイザナキの子とされ、別名がシホツツであったと伝えている。このシホツツは、ホノニニギの子であるホヲリをワタツミの宮殿に向かわせた神である。

（15）原文は「底つ石根《いはね》に宮柱ふとしり、高天の原に氷椽《ひぎ》たかしりて」。『古事記』において、宮殿の立派さを称える定型的な表現で、三回登場するが、『日本書紀』には見いだされない。「氷椽」は「氷木」とも書き、屋根の上に交差する形で置かれた木のことである。「千木《ちぎ》」ともいう。リズム感のある表現は、口誦伝承の痕跡をとどめているようにも思われる。

（16）「アタツ」の「アタ」は、九州南部の地名と考えられ、その地に勢力をもっていた有力氏族である阿多君《あたのきみ》との関連も予想される。同様に、「カシツ」の「カシ」も九州南部の地名と考えられ、その地に勢力をもっていた加志公《かしのきみ》という氏族との関連が予想される。

（17）『日本書紀』別伝（第九段の第六書）にもイハナガヒメに関する記述があったと思われるが、「云云《しかしかいふ》」という形で省略されている。この省略は『日本書紀』編纂者によるものであろう。

（18）ホノニニギに対するオホヤマツミの応対の仕方やホヲリに対するオホワタツミの応対の仕方からみて、『古事記』においても、『日本書紀』同様、天つ神の御子という存在を最重要視している点はまちがいないであろう。にもかかわらず、天皇の寿命がかぎりものであると述べているのである。この点に関して、一つの仮説として、『古事記』は、天皇の寿命がかぎりあるものになったと示すことで、あくまでも歴代の天皇が実際に崩御してきたという事実の神話的由来を提示しようとしているのではないかとも考えられる。

（19）『日本書紀』の別伝（第九段の第二書、第五書）にも、天孫の御子をひそかに生んだり、育てたりすべきではないという記述が見いだされる。また、ホヲリの子についても、『古事記』と『日本書紀』の別伝（第十段の第三書）で、天つ神（または、天孫）の子を海で生むべきではないという記述が見いだされる。

（20）ただし、この「ホ」は火だけではなく、稲穂の神であるホノニニギの子たちであるという点で、穂にも通じていると考えられるであろう。

（21）もちろん、他の伝承において、生まれた子の名前と産屋に火を放った状況とが結びつけられていることは明らかであろう。しかし、その結びつきが、この伝承ほどに鮮明に出ていないのある。しかも、この伝承の場合、燃えさかる火のなかで、それぞれの子が「名は……。わたしの父（二番目以降に登場する子の場合、「兄」、「兄等」という語が追加されている）はどこにいらっしゃいますか」と述べており、物語としては、かなり整備されているような印象を受ける。

（22）別伝については、他の伝承にも同じ記述がある場合、省略されることがあると指摘されているが（『日本古典文学大系67　日本書紀　上』（岩波書店）の百六十一ページ、注十を参照）、この伝承ほど極端に省略されている例は他に見いだされない。

（23）この点については、『日本古典文学大系67　日本書紀　上』（岩波書店）の五百七十三―五百七十四ページ、補注2-二七を参照。

（24）「サチ（幸）」といえば、「海のサチ、山のサチ」というように、そこでとれた獲物を意味したり、獲物をとることができて幸せであるから、転じて幸福を意味したりしているが、もともと「サチ」は獲物をとるための道具（特に弓矢）のもつ霊力を意味していたと考えられている。それが、獲物をとる道具、獲物、獲物を獲得できた喜びということを総合的に意味するようになったのであろう。

（25）この『日本書紀』別伝神話に登場している「シホツツ」というのは「シホツチ」（「潮流の神霊」という意味）の転化とも考えられるが、「ツツ」を星粒の意味でとらえるならば、シホツツという神は潮流と星に関わる神ということになると指摘されている。『日本古典文学大系67　日本書紀　上』（岩波書店）の百五十七―百五十八ページ、注二十二を参照。

（26）古代日本においては、唾液が重要な意味をもつ場合がある。たとえば、スサノヲとアマテラスのあいだでおこなわれたウケヒでも、ものざねにそれぞれの唾液を付着させることによって、子が誕生したのであり、イハナガヒメは唾液を吐いて、人間を呪ったのである。このように、唾液に呪術的な効力を見いだすような感覚は、唾液を吐き出すことが、非礼、あるいは、不浄な行為としかみなせなくなった現代のわたしたちには失われてしまったものといえるであろう。

（27）「塩みちの珠」、「塩ひの珠」と読ませる解釈もある。『新編日本古典文学全集1　古事記』（小学館）の百三十一ページ、『日本古典文学大系67　日本書紀　上』（岩波書店）の百六十六ページを参照。

［第五章］

（1）そのほかにも、神話記述を含んでいるものとしては、①斎部広成《いんべのひろなり》の著作で、朝廷の祭事を司っていた斎部氏の劣勢を挽回するための陳情書であるとも、祭祀の法令整備のための報告書であるとも言われている『古語拾遺《こごしゅうい》』（大同二年（八〇七年）年成立）、②聖徳太子と蘇我馬子の著作とされるが、実際には平安時代初期に成立したと考えられ、特に物部氏に関する記述に重点をおいている『先代旧事本紀《せんだいくじほんぎ》』、③皇族、貴族、庶民など様々な階層の人々が詠んだ歌、約四千五百首を載せている『万葉集』（奈良時代末期から平安時代初期までに完成）、そして、④祭祀において用いられる様々な祝詞があげられる。

（2）この上申書を「解《げ》」や「解文《げぶみ》」といい、公文書の一定の形式を意味している。後代では、公文書に限らず、下から上に上申する訴状をも指すようになった。

（3）『出雲国風土記』が再撰されたものであると主張する論者には、江戸時代の中山信名、伴信友、近代以降では、『出雲風土記の研究』を著した田中卓、『出雲国風土記論攷』などを著した水野祐などがいる。

（4）『新編日本古典文学全集5　風土記』六百三ページを参照。

（5）逸文が現存する『風土記』をあげると、摂津、山背、伊勢、尾張、駿河、相模、常陸、陸奥、越《こし》、丹後、伯耆《ほうき》、播磨、美作《みまさか》、備中《びっちゅう》、備後、淡路、阿波、伊予、土左、筑紫、筑前、筑後、豊前《ぶぜん》、肥後、日向、大隅、壱岐《いき》ということになる。このうちで、越とは北陸地域を総称したものであり、筑紫とは九州諸国を一つにまとめたものである。

（6）これは井上通泰によって提唱され、現在でも支持されている。井上には『肥前国風土記新考』（巧人社）、『豊後国風土記新考』（巧人社）、『西海道風土記逸文考証』（巧人社）などの著作がある。

（7）『日本古典文学大系2　風土記』（岩波書店）では、これらの断片もそのまま逸文に含ませているが、『新編日本古典文学全集5　風土記』（小学館）では、これらの断片を「逸文（参考）」として、一般の逸文とは区別している。

（8）『出雲国風土記』の記述によると、熊野の大神はイザナキの子に帰せられるクマノカムロという神として位置づけられている。

（9）この指摘は、『古事記』に出てくるオミヅヌと『出雲国風土記』に出てくるヤツカミズオミヅノが同じ神であるという前提に立つものである。

(10)『日本書紀』の本文や複数の別伝では、ホアカリをホノニニギの子としている。また、ホアカリとアマノホアカリを別々の存在とみなし、ホアカリをホノニニギの兄、アマノホアカリをホノニニギの子とする解釈もある。本書の第四章・第一節の「ホノニニギの子」の項目を参照。

(11)これらのうち、梳匣《くしげ》は整髪用のくしなどを入れていた箱を、箕《み》は穀物を殻や塵などから分けとる道具を、甕《みか》は水などを貯える大きなかめを、沈石《いかり》は船が動かないよう水中におろす碇を意味している。なお、綱が藤丘に対応するのは、綱が藤葛《ふじかずら》でできていたからであり、蚕が日女《ひめ》道《ぢ》丘に対応するのは、蚕を「ひめ」と呼ぶ場合があるからであるといわれる。

(12)これとは異なり、『古事記』や『日本書紀』本文では、スサノヲが「八雲立つ　出雲八重垣　妻籠《ご》みに八重垣作る　その八重垣を」という歌を詠んでおり、明示されているわけではないものの、この歌が「出雲」という地名の由来を示しているかのような印象を与えている。

(13)志羅紀《しらき》の岬については「たくぶすま」(「楮《こうぞ》で織った白い寝具」)という語が前に付いていて、通常、この「たくぶすま」は新羅国の枕詞(すなわち、「しろい」と「しらき」の観念的な連想である)であるから、新羅国ととらえることができるであろう。佐伎《さき》の国は隠岐であるととらえられている。隠岐は四つの島を中心に、それ以外にも多くの島々からなる諸島である。波良《はら》の国も隠岐であるととらえられている。おそらく、隠岐にある多くの島のうちのどれかが佐伎の国であるとか、波良の国であるとか考えられているにちがいないが、その詳細は不明である。

(14)支豆支《きづき》の御埼《みさき》は出雲市大社町日御碕《ひのみさき》、狭田《さだ》の国は松江市鹿島町佐陀本郷、闇見《くらみ》の国は松江市新庄町、三穂の埼《さき》は松江市美保関《みほのせき》町の近辺とされている。

(15)『日本神話事典』「国引き神話」の項目、特に百三十八ページを参照。

（16）本文では触れられなかったが、この説話の結びには、オホナモチがこの水で体を清めたことに因んで、新しく任命された出雲国造《くにのみやつこ》も、大和におもむいて、天皇のまえで寿詞《よごと》を奏上する（これを「出雲国造神賀詞《かむよごと》」という）際には、その水でみそぎをおこなうようになったこと、また、生まれる子がことばを話さなくなると信じられていたため、妊婦は三沢の村でとれた稲を食べなかったことが述べられている。

（17）三宝荒神《さんぼうこうじん》は、仏教における三つの宝（仏、法、僧）を守護し、不浄をきらう神で、浄化の力をもつとされる火と密接に関係する竈《かまど》の神と結びついた。単に「荒神《こうじん》」と呼ばれる場合もあり、陰陽道では「土公様《どこう》」と呼ばれている。三宝荒神が屋内で祭られるのに対して、屋外で祭られるのが地荒神《じこうじん》であり、屋敷や同じ一族や同じ集落で祭られ、それらを守護する神として位置づけられている。

（18）その具体例をいくつかあげてみよう。①『播磨国風土記』「揖保郡《いひぼ》」には、意此川《おし》に出雲の御蔭《みかげ》の大神という神がいて、通行する人の半分を殺した。そこで、その神の祟りを鎮めるため、額田部連《ぬかたべのむらじ》久等々《くとと》を派遣し、巧みに神を油断させて、鎮めることができた。②同じく『播磨国風土記』「揖保郡」には、出雲の大神（これは出雲の御蔭の大神と同じ神かもしれない）が神尾山《かみを》にいて、出雲の国の人が通行しようとすると、十人中五人、五人中三人を留めてしまった（つまり、殺したものと思われる）。そこで、刀剣を作って祭ると、神の祟りを和らげることができた。③同じく『播磨国風土記』「神前郡《かむさき》」には、荒ぶる神がいて、通行する人の半分を殺した。そのため、その神のいる地を「死野《しにの》」と名づけたが、応神天皇《おうじん》がそれは悪い名であると述べられたので、「生野《いくの》」という名に改められた。④『肥前国風土記』「佐嘉郡《さか》」には、佐嘉川の川上に荒ぶる神がいて、通行する人の半分を殺した。そのとき、二人の女性が「人の形や馬の形をした土偶を作って、神を祭れば、祟りは和らぐでしょう」と述べたので、その通りにしたところ、神の祟りはおさまった。このように、特定の場所に荒ぶる神がいて、そこを通行する人の半分を殺すというパターンの話を多く見いだすことができる。

（19）前注（18）で示した荒ぶる神についても、特にその子孫が祭っているという例は見いだされない。ただし、①については、出雲の御蔭の大神を額田部氏の祖神とみなす説もあるが、この説話では、神の祟りは額田部連久等々の策略によって力ずくで押さえ込まれたのである。祟る神をその子孫が祭るのは、その神を懐柔するためなのであるから、祖神と子孫が敵対するというのはきわめて不自然であろう。

（20）後半部分は、カモノタケルノツノミの子孫に関する説話で、その子タマヨリヒメが丹塗矢《にぬりや》（真っ赤に塗られた矢）を持ち帰ったところ、妊娠して、男子を生んだ。その子の父がだれであるのか知ろうとして、ウケヒ酒（居並ぶ神々のなかで、父である神に酒杯を捧げるというウケヒをおこなう）をおこなうと、酒杯をもった男子は昇天した。それで、父がホノイカヅチであるとわかったというあらすじになっている。

（21）県《あがた》は大和朝廷が支配した地域における行政区分で、朝廷の命令によってその県を支配していたのが県主《あがたぬし》である。のちに姓《かばね》の一つになった。

（22）「君」は姓の一つで、皇族から分かれた氏族に与えられた。同じ読みをする「公」も「君」と同様であるが、「君」が古くに皇族から分かれた氏族の姓であるのに対して、「公」は継体天皇以降に皇族から分かれた氏族に与えられた姓である。天武天皇のときに定められた八色《やくさ》の姓では、君姓の氏族の多くは第二番目の朝臣《あそみ》となり、公姓の氏族の多くは第一番目の真人《まひと》となった。

（23）長さの換算については、『新編日本古典文学全集5　風土記』の四百七十二ページの記述にしたがった。

（24）沼矛の「沼（ヌ）」は玉を表している。つまり、沼矛とは玉で飾られた矛のことであると考えられる。

（25）精製される前の粗末な塩のことを指している。

（26）ただし、『日本書紀』別伝（第五段の第十書）では、音韻上の変化があり、ソコツツノヲはソコツツ、ナカツツノヲはアカツツ、ウハツツノヲはイハツツという形になっている。

（27）古代人は、非業の死をとげた者が、その無念さゆえに怨霊となって、現実世界に天変地異や疫病など様々な害悪をもたらすと信じていた。ところが、そのような害悪をもたらすということは、怨霊が害悪を自由自在に支配していることを意味しており、そこから、古代人はいわば逆転の発想で、害悪を支配する怨霊を神として祭ることで、逆に害悪を抑える存在として位置づけようとした。そのような形で、怨霊が害悪を阻止するという恵みをもたらす神に転化したものを「御霊《ごりょう》」、そして、そのような信仰を「御霊信仰」という。この御霊信仰は奈良時代後半、政治が乱れ、多くの政治的犠牲者が生み出されたときに登場したと思われる。御霊信仰において大きな比重を占めているのは疫病であり、医学的な知識も未熟であった古代人にとって、いつどのような形で発生するかわからない疫病は脅威そのものであったであろう。疫病の流行を防ぐことが主な目的で、御霊信仰が盛んになったのである。この御霊信仰自体は非業の死をとげた者の怨霊を神として祭り上げるものであり、本来は仏教と無関係な信仰であったが、そこに仏教が結びついてくることになる。すなわち、仏教における守護神の一つとされる牛頭天王《ごずてんのう》が、疫病を司る神であったという点、そして、仏教において、牛頭は地獄における獄卒として死霊を司る存在であった点が接点となって、御霊の中心は、非業の死をとげた実在の人間から牛頭天王へと移っていったのである。このように、御霊信仰を母体としながら、牛頭天王を信仰することで、疫病などの災厄から身を守ることを願う信仰を「天王信仰」という。

あとがき

筆者は今から数年前に『日本の宗教――その諸様相――』という書を出版し、その第一章で、日本神話の神々について論じた。神話は宗教と密接に関係し、神話に由来する多くの神々が実際に信仰されてもいる。したがって、日本の宗教を理解してゆくうえで、日本の神話に対する理解も必要であろうというのが、当初、日本の神話を取り上げた動機であった。

しかし、日本の神話に関する考察を進めてゆくうちに、日本の宗教とは別に、独立させて扱いたいという思いが強くなった。それは、日本の神話が実に魅力的で興味の尽きないものであると思い知らされたからである。そのような思いに駆られて、形をなしたのがこの書である。同じく日本の神話を扱っている以上、前著の記述と重なる部分がまったくないとはいえないが、本著では、日本神話における世界像や神観念の特色、ウケヒを題材とする伝承の多様性の問題、日向神話、さらには、『古事記』や『日本書紀』とは趣を異にする『風土記』の神話というように、意識して、これまで扱っていなかったテーマで内容を構成したつもりである。

そして、前著と同様に本著もまた、「その諸様相」というサブタイトルのもとに、日本の神話に関してテーマをいくつか選び出すという記述の仕方になっている。そのような記述の仕方に関して、この書には「日本の神話とはなにか」という問いかけとその答えがないではないかという指摘が予測されるのであるが、それに対して、筆者は、具体的な事象に徹底してこだわりたいし、多種多様で豊かな事象を、自らが勝手に作り上げた理念に引きつけて恣意的に捨象して、結論に導こうとするような論じ方は性に合わないと、とりあえずは答えておきたい。

日本の神話というと、すぐさま国家や政治の問題と結びつけられ、論じられてきた場合が多い。もちろん、「はじめに」でも触れたように、神話には、集団社会に共同体としての自己同一性を付与するような側面もあるので、当然、そのような問題が含まれてくる可能性はあるであろう。しかし、けっしてそれだけではないのである。イザナキによる黄泉つ国往還の話、稲羽のシロウサギの話などが政治的な問題であろうか。あるいは、政治的な問題という本筋から離れた単なるおまけであろうか。そうではあるまい。神話という営みが人間にとって普遍的なものであるという視点から、日本の神話を文字通り神話として読み解こうという姿勢が広まってゆくことを願ってやまない。

平成十九年二月

岸根敏幸

《著者紹介》

岸根　敏幸（きしね　としゆき）

昭和38年、尾道うまれ。横浜そだち。早稲田大学第一文学部、東京大学大学院人文科学研究科を経て、博士（文学）の学位を取得。現在、福岡大学人文学部教授。専門は神話学、宗教学、仏教学。研究テーマは、「神話と宗教を中心とする思想文化研究」。単著書に、『チャンドラキールティの中観思想』（平成13年、大東出版社）、『宗教多元主義とは何か――宗教理解への探求――』（平成13年、晃洋書房）、『日本の宗教――その諸様相――』（平成16年、晃洋書房）、『古事記神話と日本書紀神話』（平成28年、晃洋書房）がある。

日本の神話――その諸様相――

2007年4月10日　初版第1刷発行
2025年4月25日　初版第6刷発行

＊定価はカバーに表示してあります

著者　岸根敏幸©
発行者　萩原淳平
印刷者　江戸孝典

発行所　株式会社　晃洋書房
〒615-0026　京都市右京区西院北矢掛町7番地
電話　075(312)0788番(代)
振替口座　01040-6-32280

ISBN978-4-7710-1833-4　印刷・製本　共同印刷工業㈱